企业社群
社群构建与营销全案

李子岩　谢静 编著

·北京·

越来越多的人利用社群获利或者成功创业，但很多人却还不知道：什么才是真正的社群？如何经营社群才能成为有效社群？社群如何精准定位？社群营销中的关键点是什么？社群要如何管理才能具备长久的生命力？

在"大众创业、万众创新"的互联网时代，创业者可通过社群思维创造有效社群，并通过有效社群点燃用户，引爆产品传播。在社群经济时代，社群作为一种创新的创业法则，可以帮助创业者快速获得创业成功。

《企业社群：社群构建与营销全案》抓住了创业者的痛点，教读者走出误区，帮助他们解决利用社群营销进行创业所面临的难题。

图书在版编目（CIP）数据

企业社群：社群构建与营销全案 / 李子岩，谢静编著. — 北京：化学工业出版社，2020.1
ISBN 978-7-122-35834-9

Ⅰ. ①企… Ⅱ. ①李… ②谢… Ⅲ. ①企业管理－网络营销 Ⅳ. ①F279.23

中国版本图书馆 CIP 数据核字（2019）第 272239 号

责任编辑：刘　丹　　　　　　　　　　　　美术编辑：王晓宇
责任校对：王素芹　　　　　　　　　　　　装帧设计：水长流文化

出版发行：化学工业出版社（北京市东城区青年湖南街13号　邮政编码100011）
印　　刷：三河市航远印刷有限公司
装　　订：三河市宇新装订厂
710mm×1000mm　1/16　印张13　字数177千字　2020年4月北京第1版第1次印刷

购书咨询：010-64518888　　　　　　　　　售后服务：010-64518899
网　　址：http://www.cip.com.cn
凡购买本书，如有缺损质量问题，本社销售中心负责调换。

定　价：49.80元　　　　　　　　　　　　　　　　　　　版权所有　违者必究

前言

在二八定律的影响下,市场上80%的利润已经被20%的头部企业分走,而剩下那20%的利润则被80%的中小企业苦苦相争。但是,最近几年,除了头部企业以外,又涌现出了一批社群,这些社群也许体量没有那么巨大,却拥有自己独特的能力。

例如,江小白,一年可能只做三个多亿,但是它成功构建了一个标志性的社群,成了市场上一个影响力比较大的品牌。现在,只要一提到低度白酒,很多人首先想到的就是江小白,其核心价值在于品牌的社群化。

对于想要推广品牌、宣传产品的企业来说,社群一定是一个非常不错的选择,首先盈利比较丰厚,其次就是如果做得好会被大众熟知,可谓是名利双收。再加上移动互联网时代,很多行业会重新洗牌,这就给企业,尤其是中小企业提供了出头的可能。

因此,现在是入局社群的绝佳时机,大家一定要牢牢把握住。不过必须得承认,很多新手无法把这件事情完成好,因为他们需要面临一些严峻的挑战:

第一,对社群以及社群营销没有足够的了解;
第二,不知道如何构建和管理一个完整的社群;
第三,不知道如何吸引和留住粉丝;
第四,没有掌握社群营销的发展趋势,缺少大局观。

对于新手来说，想要通过社群立刻被大众熟知和认可几乎没有可能，但即使如此，还是有那么一部分人想要凭借自己那并不丰富，甚至可以说基本为零的经验拼搏一把，而事实却是身经百战的老手都很难保证自己可以发展得风生水起。

不用说太多，情况已经非常明显，在正式入局社群之前，新手必须充实自己，多学习这方面的知识和技巧。当然，老手也应该做进一步提升，让自己的社群发挥更大能量，为企业和产品创造更亮眼的成绩。

那么，具体应该怎样做呢？相信大家对答案已经迫不及待了。通过阅读本书，希望大家可以迅速融入社群领域，尽快实现自己梦寐以求的目标。

限于笔者水平，加之时间仓促，疏漏之处在所难免，恳请读者批评指正。

编著者

目录

第1章 传统营销升级势在必行

1.1 传统营销的困局　　2
1.1.1 消费者有选择恐惧症　　2
1.1.2 失去效力的"一对多"模式　　2
1.1.3 消费者主权宣言　　2
1.1.4 谁能取代传统营销　　3

1.2 消费升级推动营销变革　　3
1.2.1 营销1.0：以产品为驱动　　4
1.2.2 营销2.0：以消费者为驱动　　5
1.2.3 营销3.0：以价值观为驱动　　5
1.2.4 营销4.0：以自我实现为驱动　　6

1.3 传统营销真的无法跟上潮流　　7
1.3.1 商业基础发生巨大改变　　7
1.3.2 经济人假设风光不再　　9

第2章 企业社群营销亮相

2.1 风靡当下的社群究竟是什么　　11
2.1.1 社群的定义并没有那么简单　　11
2.1.2 社群的亲密关系　　11

  2.1.3 社区、社群、社交的不同点   12

  2.1.4 互联网时代的社群分类   15

 2.2 社群营销背后的逻辑   17

  2.2.1 场景：时间与地点的重要性   17

  2.2.2 社群：关系属性，沉淀流量   17

  2.2.3 内容：品牌在互联网上的抓手   18

  2.2.4 连接：诠释效率，秒杀大众传播   19

 2.3 社群思维引爆社群营销   19

  2.3.1 社群思维的三重意义   20

  2.3.2 社群思维下的"精神文明建设"   21

  2.3.3 商业人格化的强大魅力   21

第3章 搭建：有社群才可以开展后续工作

 3.1 搭建社群之前需要知道的事实   24

  3.1.1 社群并不是把一群人集合在一起   24

  3.1.2 围绕社群的生命周期设计产品   25

  3.1.3 成员之间必须产生多维度交叉联系   26

3.2 用5W1H法梳理社群目标 ... 27
    3.2.1 Why：为什么要搭建社群 ... 27
    3.2.2 What：社群具有什么优势 ... 27
    3.2.3 Where：在哪里搭建社群 ... 28
    3.2.4 Who：社群由谁组成 ... 29
    3.2.5 When：什么时候开始搭建 ... 30
    3.2.6 How：怎样进行变现 ... 30

3.3 社群结构的两种主要类型 ... 30
    3.3.1 金字塔结构：细分为不同层次 ... 31
    3.3.2 环形结构：拥有活跃的灵魂中心 ... 31

3.4 搭建社群的条件 ... 32
    3.4.1 高质量产品和最优化体验 ... 32
    3.4.2 成员一致认可的价值观 ... 33
    3.4.3 始终如一的正面形象 ... 33

第4章 垂直定位：培养良好社群的前提

4.1 明确定位的范围区间 ... 36
    4.1.1 用户画像：基本属性+经济实力+地域 ... 36
    4.1.2 数据分析工具：图表、百度指数 ... 38
    4.1.3 一句话说出你的成员属性 ... 40

4.2 对比分析：5大主流垂直社群　　41

4.2.1 产品型：以产品为核心，进化组织形态与产品　　41

4.2.2 兴趣型：基于共同爱好，提高凝聚力　　43

4.2.3 品牌型：以忠诚度为目的，以社群营销为核心　　44

4.2.4 组织型：以知识为导向，实行模式创新　　46

4.2.5 工具型：以工作为目的，进行系统性学习　　48

4.3 做最擅长的事，找准自身社群定位　　49

4.3.1 找出自己的资源特长　　49

4.3.2 需求深挖：把用户核心需求弄清楚　　51

4.3.3 价值提供：有趣、有料、有味道　　53

4.3.4 活动形式：线上融合线下　　54

4.3.5 "三个爸爸"是如何定位社群的　　55

第5章　吸粉：社群营销当中的关键点

5.1 重视第一批粉丝的获取　　59

5.1.1 自带光环：自带流量　　59

5.1.2 六度人脉：让用户邀请他的朋友　　61

5.1.3 名人推介：借用大咖背书　　62

5.1.4 借势热点：关注时势热点　　63

5.1.5 广种薄收：多渠道、多角度发布信息　　65

5.2 关注忠实粉丝的留存 … 67

5.2.1 留存比拉新更加关键 … 67
5.2.2 积极为忠实粉丝创造3感 … 68
5.2.3 建立完善且立体的成长体系 … 69

5.3 高效、实用的6大吸粉渠道 … 71

5.3.1 微博：@名人，巧用转发抽奖 … 71
5.3.2 微信公众号：投稿+互推+联盟 … 72
5.3.3 知乎：在提问上下足功夫 … 74
5.3.4 百度贴吧：引导分享，加强管理 … 76
5.3.5 短视频平台：多评论，录视频 … 78
5.3.6 购物平台 … 80

第6章 促活互动：让社群具备持久生命力

6.1 粉丝活性可持续 … 83

6.1.1 种子筛选 … 83
6.1.2 奖励机制 … 84
6.1.3 分组管理 … 86

6.2 日常运营规范化 … 88

6.2.1 排班制：责任到人，有规可依 … 88
6.2.2 联合制：多群联合管理，一人控百群 … 90

- 6.2.3 分层化：储备潜在管理员，提拔管理员升分部负责人　92
- 6.2.4 区域化：组织区域管理员见面会，便于达成共识　93
- 6.2.5 公式化：量化考核，责任到人　95

6.3 动态运营三步曲：主题、主角、热点　98
- 6.3.1 主题多变：一个主题深谈一次　98
- 6.3.2 切换主角：不定期+自由组织　101
- 6.3.3 紧跟热点：将社群与社会热点看齐　103

6.4 线上社群互动方法　106
- 6.4.1 设立嘉宾资源储备池　107
- 6.4.2 每月固定分享时间　109
- 6.4.3 安排收集成员感兴趣的问题　112
- 6.4.4 禁言式微信群分享模式　114
- 6.4.5 现场提问式直播分享模式　116

6.5 线下社群互动方法　118
- 6.5.1 安排宣传文案及确定发布渠道　118
- 6.5.2 确定活动嘉宾、地点、时间　121
- 6.5.3 设计活动流程、特别环节　123
- 6.5.4 做好会后反馈与引导　125

第7章 留存：持续输出价值，沉淀成员

7.1 留存率计算方法 … 130
7.2 决定留存率的三大因素 … 132
    7.2.1 持续价值输出，补充新鲜内容 … 132
    7.2.2 利用社群平台构建公信力 … 134
    7.2.3 强大的社群粉丝效应提升认同感 … 135
7.3 社群变现方法 … 138
    7.3.1 加入电商元素 … 138
    7.3.2 加入代言元素 … 140
    7.3.3 加入赞助元素 … 142

第8章 管理：团队+门槛+规则+KPI

8.1 团队是管理社群的强大基础 … 146
    8.1.1 挑选群主、管理员、意见领袖 … 146
    8.1.2 划分部门，明确职责 … 147
8.2 设立门槛，提升社群的价值 … 148
    8.2.1 付费是最好的门槛，但应自愿 … 148
    8.2.2 邀约或完成任务加入 … 149

8.3 制定规则，让管理精细化 　　149

　　8.3.1 内容发布的禁忌与奖惩规则 　　150

　　8.3.2 活动的注意事项 　　150

　　8.3.3 淘汰机制 　　151

8.4 提炼KPI，掌握管理的效果 　　152

第9章 传播：迅速提升社群的知名度

9.1 品牌化运作：让社群成为一个IP 　　156

　　9.1.1 品牌社群：良好的团队管理 　　156

　　9.1.2 品牌形象：一个有识别度的社群品牌特点 　　156

　　9.1.3 共同信仰：共同的意识及责任感 　　157

　　9.1.4 衍生布局：社群—社交—交易—回馈 　　158

9.2 社群品牌文案设计 　　160

　　9.2.1 预热型：向成员传递正在发生的感觉 　　160

　　9.2.2 开场型：以传递价值为宣传核心 　　163

　　9.2.3 报道型：亮点、差异点、价值点 　　164

　　9.2.4 亲身经历型：感受+收获+支持 　　165

9.3 传播渠道：媒体网站、公众号、朋友圈ㅤㅤ166

ㅤ9.3.1 媒体网站ㅤㅤ167

ㅤ9.3.2 公众号ㅤㅤ167

ㅤ9.3.3 朋友圈ㅤㅤ168

第10章 矩阵：让社群实现从1到N的裂变

10.1 社群布局最终目的ㅤㅤ171

ㅤ10.1.1 引入社群市场占有率考核ㅤㅤ171

ㅤ10.1.2 如何在规模上快速超越竞争对手ㅤㅤ172

ㅤ10.1.3 以母婴社群为例，学矩阵布局之法ㅤㅤ175

10.2 有关矩阵的两大布局模式ㅤㅤ177

ㅤ10.2.1 平行布局模式：跨界覆盖，共同进步ㅤㅤ177

ㅤ10.2.2 递进布局模式：直接击中核心ㅤㅤ178

10.3 社群运营工具ㅤㅤ180

ㅤ10.3.1 付费入群工具ㅤㅤ180

ㅤ10.3.2 H5工具ㅤㅤ181

ㅤ10.3.3 电商工具ㅤㅤ182

ㅤ10.3.4 直播工具ㅤㅤ183

ㅤ10.3.5 投票工具ㅤㅤ184

第11章 趋势：拘泥于当下是企业大忌

11.1 社群营销的巨大转变   186
    11.1.1 交际圈：从强关系到弱关系   186
    11.1.2 价值：从内部串联到跨界对接   187
    11.1.3 需求：从口碑至上到用户主导   189

11.2 社群营销的未来畅想   190
    11.2.1 社群营销为企业创造美好未来   190
    11.2.2 社群营销会如何改变社会   191

第1章

传统营销
升级势在必行

随着移动支付、电商、微商等新兴群体的迅速崛起,传统的营销模式已无法满足市场需要。社群经济的崛起成为推动互联网革命的重要力量,以产品、消费者、价值观和自我实现为驱动的新型消费观使商业基础发生了重大改变。传统营销方式终将被社群营销取代。因此,传统营销的升级势在必行。

1.1 传统营销的困局

早前，企业以商场化、固定营销点的方式实施营销活动，以一对一、一对多的营销模式宣传，通过广告设计体现产品特点，缺乏和消费者的交流沟通，消费者很难挑选到满足自身需求的产品。社群的出现在一定程度上弥补了传统营销的不足。

1.1.1 消费者有选择恐惧症

企业推出越来越多的营销策略，反而让消费者面临众多选择，无法下决定。例如，在网上购物，搜索后出来大量的同质产品，让人眼花缭乱，再次陷入新的苦恼之中。这就需要企业走出传统营销误区，与消费者多沟通。

1.1.2 失去效力的"一对多"模式

传统营销模式中的一对一模式是指独立的客户对接。随着客户群体的扩大，又衍生了一对多客户对接的营销模式。企业过度关注如何卖出产品、产品如何变成资本等问题，却没有重视客户的需求，因此销售成果往往不尽如人意。

在"互联网+"时代，没有互动和参与就没有营销，社群的出现使企业与客户之间的互动加强，客户的个性化需求被满足，一对多的营销模式也逐渐失去其原有的效力。

1.1.3 消费者主权宣言

在信息时代，消费者作为营销的主要对象，其消费行为在产品生产这个最基本的经济问题上起决定性作用。生产者根据消费者的消费行为所反馈回来的信息安排生产，提供消费者所需的产品和服务，这就是消费主权。

信息时代，各类媒体相继出现，微博、微信、直播等平台被人们广泛使用，新媒体凭借其特有的优势深受人们的喜爱。社群的出现更是让消费者接收到大量信息，消费者的主权意识也在不断觉醒，开始追求公平的价格和多样的选择。

新形势下，传统营销思维在开放性、互动性、社会化等方面还需要进一步增强。在社群经济不断发展、消费者主权意识增强的情况下，企业要想长远发展，就必须创新发展理念，发展社群经济。

1.1.4 谁能取代传统营销

在"互联网+"的时代背景下，将产品卖出只是营销的第一步，那种只想靠完美的广告词和推广活动就改变消费者习惯的方法，往往难以生效。如今，传统营销模式不再适合时代发展的需要，现在的消费者不仅需要好的产品，还需要更好的服务和情感寄托。

1.2 消费升级推动营销变革

随着互联网经济的崛起和不断发展，消费者改变了以往的消费模式。中国现在处于消费升级的时代，消费支出的结构和层次不断提高，消费者掌握着更多的信息渠道，而这种消费升级对企业的营销方式有着巨大的影响。现代营销学之父菲利普·科特勒教授把营销的演化划分为四个阶段，如图1-1所示。

营销1.0	营销2.0
○ 满足消费者的需求	○ 吸引消费者的内心

营销3.0	营销4.0
○ 迎合消费者的心智	○ 帮助消费者实现自我价值

图1-1　营销演化的四个阶段

1.2.1 营销1.0：以产品为驱动

20世纪50年代到70年代，人们经历了世界大战的战后发展期、繁荣期和动荡期，享受着工业革命带来的果实，靠着大机器进行生产和加工。为了使自己的产品脱颖而出，获得市场，企业开始对自己的产品进行营销，营销模式非常简单，就是纯粹的销售，主要模式是劝导、说服。

因为当时没有过高的技术，所以产品都比较简单和初级，生产也都是批量式、标准化的。企业生产产品的目的是满足大众普通的、日常的需求，在这种千篇一律的生产模式中，企业主要通过榨取剩余价值，尽可能地扩大工厂规模来生产更多的产品，再以低于市场的价格吸引用户，这就是他们的营销方式。

企业提供满足日常需求的产品，用户的基本需求也只是满足日常生活，所以以产品为驱动的营销模式应运而生。福特汽车就是这一营销战略的缩影，当时的福特T型车有一句响亮而典型的口号："无论你需要什么颜色的车，福特的车只有黑色的。"

1.2.2 营销2.0：以消费者为驱动

互联网使信息具有全球性和快速传播的特点，消费者可以更加便捷地对比同质产品，而不再拘泥于某一特定品牌的产品。消费者的需求变得更加多样且灵活，企业很难只凭借产品来吸引用户，这促使他们的营销理念向新的方向延伸，从而创造出了新的营销模式，如体验式营销、情感化营销、品牌风格营销等。

概括来说，在以消费者为驱动的营销模式下，营销者不再以产品为核心，而是开始迎合消费者。这种营销模式可以用现在很流行的一句话来总结，就是"用户就是上帝。"然而，这个时候的一些营销方式还是把用户当作被动的营销对象，没有真正看清用户的价值。

其实，企业不仅要注重产品的质量，还要满足消费者的情感需求，让消费者在使用产品的同时，了解产品背后的故事，了解这个企业的文化，将产品的"价值"和"情感"功能都发挥出来。这个时候，企业已经逐渐放宽眼界，产品投放的市场不再由机器和产品功能填满，企业开始迎合消费者的特定需求，以此来吸引更多消费者的注意。

1.2.3 营销3.0：以价值观为驱动

以消费者为驱动的营销模式，虽然开始是站在用户的角度考虑问题，但最终还是把他们当作被动的营销对象。随着经济全球化和互联网的发展、大数据的普及，用户的需求更加复杂，选择也更加多样，所以，营销模式需要得到新的发展。

3.0时代与2.0时代一样，都是以消费者为导向，但此时的企业已经拥有了更加广阔的视野，全球的交往联系更加紧密，用户也不再拘泥于一个地区、一个国家，所以服务应该是面向全世界的。

这样就把营销这个行为提升到了更高的层次，它不仅包含人的情感，还结合了人的精神。消费者不再是一群"产品的使用者"，而是一个个有血有肉、有个性、有独立思考能力的个体，他们的任何需求和希望都不能被忽视。

在这种环境中，企业只生产高质量的产品还不够，还应该具有社会责任感、对消费者的人文关怀。交易的过程不仅是货币与产品的交换，更是企业与消费者心灵上的共鸣、情感上的互动。所以，以价值观为驱动的营销就是在满足消费者需求的基础上，更加注重文化、情感和合作，要努力为当今社会存在的问题提供解决方案，打动消费者。

在经济全球化不断发展但问题丛生的年代，3.0营销模式和消费者本人更加贴合，这是经济、技术、社会、文化、环境等多方面因素综合产生的影响。社会在发展，新的问题在产生，在3.0营销时代下的企业就应该在制造产品的同时，融入自己对于解决社会问题的看法，为产品注入灵魂，为全人类带来新的希望。只有这样，企业才能触及消费者的内心，产生心灵的沟通与共鸣。

1.2.4 营销4.0：以自我实现为驱动

当下处于移动数据时代，人工智能、互联网+、O2O、共享营销、大数据营销等词语不断刷新着人们对高科技的认知。

在这种环境下，消费者的需求增多了，以前的营销模式又陷入了被淘汰的境地。这样一个物质过剩的时代，马斯洛需求层次中的生理、安全、归属、尊重的四层需求都得到了满足，那么顶层的"自我实现"需求就是人们开始追逐的目标。

互联网的普及催生了各种社交媒体，甚至引爆了自媒体。网络的互动性强、传播范围广，缩短了人与人之间的距离，用户与用户、用户与企业、企业与企业之间都可以沟通。这就形成了客户社群，他们可以快速接触到自己感兴趣的产品，并针对这些产品不断交流，产生很多的行为数据。

这个过程中，企业如果主动参与进去，就可以获取这些行为数据，以完善自己的产品和服务。企业应该将重心放在用户身上，频繁地与用户进行互动，在尊重用户价值观的基础之上，让用户的想法、意见、需求融入产品生产过程中，以此作为营销点。

在了解了用户的需求之后，帮助他们实现自我价值，正是营销4.0时代所要完成的目标。这整个过程，是在大数据的基础上，使企业与用户加强联系，通过社群这一沟通渠道，在人文价值观的指引之下建立起来的，来帮助用户完成自我实现需求。

好的营销方法可以让企业的运作更加成功。随着经济的不断发展、技术的不断进步，人们的需求不断增多，消费水平也不断提高。在此基础之上，营销方案也要不断更新。但新营销方案的产生不代表旧营销方案的淘汰，企业要将它们结合起来。现在的营销依然要基于产品来确定目标群体、划分市场，依然要生产能触动消费者情感的产品。

1.3 传统营销真的无法跟上潮流

传统营销应与时俱进才能跟上时代的发展，社群经济正是传统营销转型的突破口。

1.3.1 商业基础发生巨大改变

社群是基于某种共同爱好或特定目标而聚集在一起形成圈子，进而壮大、完善成为一种新的商业形态。可以说，未来的商业形态必然有社群经济的一席之地，在这种商业形态内，产品的购买者不再是传统意义上的消费者，而是产品的粉丝甚至产品设计的参与者。

由一种产品或端口开始，聚集一批种子用户，然后进行拓扑延伸，放大盘活,最终发展成一种商业形态,这就是社群经济。所以,在社群经济的商业形态下,谁掌握了社群红利,谁就是资源的掌握者,盈利将成为水到渠成之事。

工业时代,产品只是附带使用价值的用于交换的实物,消费者通过交易获取产品的使用价值。在这个过程中,消费者是终端,没有参与到产品生产的任何环节。所以,工业时代靠的是规模化、标准化,在流水线上操作的工人是产品成型的重要环节,工人罢工或抗议对企业来说非常不利。

而互联网时代,社交网络日益发达,可以说,只要有网络的地方就能够和整个世界连接。产品与消费者的界限也越来越模糊,像小米手机,深度核心用户可以参与研发,而销售过程也是一场重量级的营销战争。

虽然移动互联网时代已经大大改变了我们的生活方式,但是旧的商业形态并未完全退出市场,这种新旧交替的过渡时期正是社群经济大发展的红利期。所以,抓住社群经济的红利窗口期,也就抓住了下一个"风口"。

传统工业时代逐渐远去,未来经济和社区组织必定是社群矩阵式布局,每个人都可以成为一个独立的网点,既连接自己也连接世界。而且,社群经济下的互联网革命是一种必然的发展趋势。社群经济的新商业形态共包含以下三大要素。

1. 社群

社群经济必然少不了社群这个要素,没有社群就相当于房子没有地基,根基不稳就容易坍塌。社群的存在能够聚集一批偏好相近的消费者,将这些消费者的注意力吸引过来,因为这些注意力中隐藏着巨大的商业价值。因此,在互联网世界,谁获得了关注度,谁就取得了50%的成功。

2. 产品

移动互联网的应用普及,使得协同作业的效率有了大幅度提高,比如,会议现场发言人的演讲可以在网上直播。社群之所以能够聚集有共同爱好的人,是因为社群中有相应的产品，可以输出价值。产品本身是一个附带宣传属性的自媒体符号，可以向用户传递价值观和理念，使社群获得更高的市场宽容度。

3. 生态

有人说，生态在左，社群在右，左右合一则构成完善的社群商业形态。将社会上各种不同类型和规模的社群组合起来，可以大大推动社群经济的发展。而生态则是以一个完整的体系独立支撑起社群的未来。

比如，房地产开发商的综合生态营销文案提到，购买此楼盘，会让业主的孩子获得名校通行证；另外，此处交通便利，商超、物业等配套建设齐全。也就是说，这个楼盘不仅仅是在卖房子，更深层意义上是一座产业新城，在这里居住可以满足业主的全部需求。因此，这可以看作是一个小型的生态体系。

社群经济的三大要素是从商业形态方面考虑的，但是社群经济最终要与社群红利相结合，这样才能实现产品变现。社群主导未来商业是新旧商业形态发展的必然趋势。

1.3.2 经济人假设风光不再

经济人假设是个体行为的基本动机，随着互联网时代的日新月异，社群在不断发生改变，这一假设已经风光不再。社群的出现，让用户和企业的联系不断加强，企业更愿意去迎合用户的想法，使自己生产出来的产品既能满足需求，又能创造经济效益。

企业在互联网时代下发展，必须加强和用户之间的互动，不仅满足用户的物质需求，更要满足顾客的精神需求。只有这样，企业才能不断发展，才能在"互联网+"时代赶超其他企业，实现自身的价值。

第2章

企业社群
营销亮相

在互联网时代,企业社群营销蜂拥而至。那么风靡当下的社群究竟是什么,又是如何分类的?只有了解这些,才能在社群的逻辑思维指导下引爆营销市场。

2.1 风靡当下的社群究竟是什么

社群是指同一类人聚集在一起而形成的群体，那么这类人是因为什么聚集在一起的呢？企业只有充分了解社群的关注点，准确分类，才能精准定位，捕捉到用户的需求，从而获得盈利。

2.1.1 社群的定义并没有那么简单

众所周知，为了获得食物、繁衍后代，蚂蚁会建立自己的蚁群，蜜蜂会建立自己的蜂群。不只是动物，人类同样也有属于自己的群体，群体中的个体通常有相同的兴趣、爱好、价值观，也有共同的利益，他们聚集在一起就形成了社群。

例如，金融社群聚集了一批喜爱金融的人，豆瓣聚集了一批爱好电影的人，"酣客公社"聚集了一批喜爱品酒的人……这些人之所以会聚集在一起，真正原因应该是"价值点"。一般来说，"价值点"是多种多样的，既可以是一个有魅力的大咖，也可以是一款物美价廉的产品，还可以是共同的价值观。因此，在构建企业社群之前，必须要考虑好"价值点"的种类。在构建企业社群的过程中，"价值点"就像胶水一样，把每一位成员联结在一起。既然存在联结，那也一定存在潜在的价值迸发。

2.1.2 社群的亲密关系

"亲密关系"是指个体或群体之间的亲密联结与互动。在不同类型的人际关系中，亲密关系是非常重要的一种，就像《亲密关系》一书所描述的那样："它至少在六个方面与其他的关系有所不同，这就是了解、关心、信赖、互动、信任和承诺。"一般来说，亲密关系可以分为两类：情感亲密关系和身体亲密关系，前者是以亲缘为主导因素，后者是以地域为主导因素。

但是，人和人之间要想产生亲密关系，除了上述两大主导因素以外，还需要深度的沟通。沟通有一个非常重要的前提条件——平台，这个平台是由谁来提供的呢？笔者认为，应该由媒介提供。这里所说的媒介，既包括传统媒介，也包括新型媒介。与传统媒介相比，新型媒介有更大的优势，其中最显著的就是，它可以为沟通提供一些新方式。这些新方式使人们可以在更大的范围内与更多的人沟通，而且这种沟通还具有持久性和稳定性。

除此以外，新型媒介还使"了解、关心、信赖、互动、信任和承诺"的价值内涵和实现方式发生了变化，深化了人与人之间的亲密关系。实际应用中，这种亲密关系也在企业社群中体现得淋漓尽致。为什么这么说？

众所周知，企业社群是新型媒介的重要组成部分，为人与人之间的沟通提供了平台。也就是说，企业社群为亲密关系的形成创造了一个前提条件。不仅如此，这种亲密关系还是以亲缘为主导因素的"情感亲密关系"，其特点是十分牢固的。反过来讲，正是因为这种亲密关系，人们才会聚集到一个社群中。

所以，在企业社群的发展过程中，亲密关系扮演着非常重要的角色。在社群成员通过社群这一平台形成亲密关系之后，企业社群就可以最大限度地获得长远发展。

2.1.3 社区、社群、社交的不同点

只要提到社群，就不能不提到它的两个"兄弟"——社交、社区，因为它们"长"得太像，所以很大一部分人无法区分它们。首先，我们应该了解，从社区过渡到社交是一件比较困难的事情，二者之间并不存在交合点，但社群与社区、社交都存在交合点，如图2-1所示。其次，快速的发展使社群行业中聚集了大量的创业者和从业者，对于这些人来说，要想在社群行业闯出一片天，

那就一定要弄清楚社区、社群、社交的区别。接下来将介绍三者的区别。

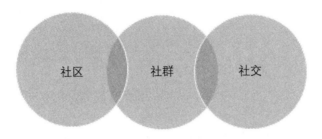

图2-1　社区、社群、社交之间的交合关系

1. 社区

对于社区，最普遍的说法就是一群人在做同一件事。在不断发展的过程中，社区形成了以下几个显著特征：

（1）产生的内容大多数都不定向，没有特定的阅读个体或群体；

（2）内容主导整体的氛围，可以充分满足成员对内容的需求；

（3）社区可以提高内容的质量，还可以降低阅读的门槛；

（4）标签植根于内容，为内容打上特定的标签，通过标签对内容进行定位。

2. 社群

社群是指一群人做着不同的事情。与社区相比，社群比较侧重多人之间的互动、交流、沟通；另外，社群鼓励内容穿插，并且不会对内容质量有过高的要求。概括起来，社群有以下几个显著的特征：

（1）成员互动频率比较高，气氛十分活跃；

（2）内容比较分散，质量比社区低；

（3）产生的内容通常具有定向性，却没有特定的内容接收个体；

（4）标签植根于成员，使成员聚集在一起，不过产生的内容通常和标签无关。

3. 社交

社交是指两个人共同做一件事情。值得注意的是，两个人共同做一件事情，与两个人做同一件事情是有很大区别的，二者并不是一回事。两个人共同做一件事情，这件事可以是创作，也可以是闲谈等。

另外，社交通常是建立在人与人的关系上，它有以下几个特征：

（1）大部分社交关系都是建立在一对一的对话交流场景之中；

（2）内容具有定向性，而且表现得特别明显；

（3）社交的最终目标是沉淀关系；

（4）标签植根于关系而不是个人，例如朋友关系、同学关系、同事关系等。

当然，社区、社群、社交的不同点不止以上几点，为了让读者更加清楚、全面地了解这三者的区别，特意整理成表2-1。

表2-1 社区、社群、社交的不同点

维度	社区	社群	社交
性质	一群人在做同一件事	一群人做着不同的事情	两个人共同做一件事情
内容	无定向性	集中	定向性
本质	内容	价值观	关系
成员	数量	质量	两者
输出	无特点	有群体	一对一
产品	主题性强	可有可无	无序
互动	关注认可	交叉连接	好友之间的交流
情感	参与感	归属感	存在感
场景	为了某一个标签而聚集在一起	连接并协作	建立和维护关系
管理	集权化	有相应的社群制度	自由化
维系	兴趣	价值观	人品、性格

续表

维度	社区	社群	社交
关系	弱关系	强关系	半熟人
模型	点	面	线
特点	去中心化	精神领袖	无
运营	管理者	个人	自运营
举例	我不认识你，我不认识他，你也不认识他	你和他现在跟我在一起发展	我们三个人互相认识了，我跟你一起去旅游，和他一起去听演唱会
总结	活着	大家一起活着	怎样活

通过表2-1，读者可以了解三者的区别，同时还可以知道，社区是由社群发展而来的，而在社群和社区中都存在一定的社交行为。在这三者中，只有社群需要依靠社交行为来构建，除此之外，它们并没有什么必然的关系。

2.1.4 互联网时代的社群分类

常见的社群主要有4种：产品型社群、兴趣型社群、目的型社群、综合类社群。通常情况下，不同类型的企业社群会有不同的盈利模式和发展战略。

产品型社群的概念源于互联网思维。与工业时代相比，互联网时代最重要的是产品，产品不仅承载着功能属性，还承载着趣味与情感属性。优秀的产品能直接带来可观的用户和粉丝群体。因此，产品本质上是连接的中介，人因产品而聚集成为社群。

兴趣型社群由很多各种各样的兴趣小组形成，这里所说的兴趣包括体育、艺术、读书、画画、音乐等，当然也存在像炒股这些专业话题类的社群。在社群中，大家都对同一件事情感兴趣，而且兴趣爱好非常一致，很容易形成一些可以互动和交流的话题。

目的型社群是以某一目的为参加动机。其实，任何社群在建立的时候都有一定的目的性，例如，"每周一课"是一个以学习为主要目的的社群。这种有明确目的的社群，我们称为目的型社群。从目前的情况来看，类似于"每周一课"这样的目的型社群并不在少数。

"李叫兽"是一个以传授营销知识为目的的目的型社群，这一点从他文章的名称也可以看出来，如《7页PPT教你秒懂互联网文案》《你为什么会写自嗨型文案，X型与Y型文案的区别》《做市场的人，不一定知道什么才是"市场"》《为什么你有十年经验，但成不了专家?》。

除了写一些高质量的文章，"李叫兽"也会去网易云课堂讲公开课，其中有一节名为《如何利用用户认知来改变用户》的课程，主要讲的是利用自身以及群体的力量，促使用户或消费者发生改变。该课程一上线，就受到了广大网友的追捧。

"李叫兽"始终围绕营销这一中心点，向社群成员传递有价值的文章和课程。通过"李叫兽"社群的案例可以知道，运营一个目的型社群，要以目的为中心向社群成员输出价值。对于目的型企业社群来说，其目的是多种多样的，有人需要完成一项重要工作，解决一个棘手问题，或者是有人需要组织一场会议，又或是一批人想要共同做一件事情。

综合类社群是指包含一种或者多种类型的社群，像前面所说的产品型社群、兴趣型社群、目的型社群都包含在其中。百度贴吧就属于综合类社群，因为其中包含了各种各样的社群。另外，像知乎、豆瓣这类的社群也属于综合类社群。

早期的豆瓣只是一个兴趣型社群，但是在时代潮流的引领下，又新增了许多新的社群，例如豆瓣小组、豆瓣同城、豆瓣FM、豆瓣一刻、豆瓣阅读、豆瓣东西等。至此，豆瓣已经变成了一个集线下同城活动、影音推荐、小组话题交流、图书阅读于一体的综合类社群。

综合类社群最显著的特点就是可以容纳大量的社群平台。实际上，我们可以将社群理解成由特定的内容和特别的人共同组成的一个集合，其中，每一个平台都是一个工具，可以为人与人之间的互动创造出更多、更好的方法。

每一位社群创业者都必须了解社群的类型，只有了解了社群的类型，才可以准确定位自己的社群，开展有针对性的营销工作。

2.2 社群营销背后的逻辑

社群营销必须要有一个合适的场景才能打开市场，打造适合场景的特定社群才能成功传播。传播是需要有内容的，内容是一切营销的本质，只有好的内容才能打动消费者，形成传播价值扩散。这样的社群营销逻辑才能推动企业走向成功。

2.2.1 场景：时间与地点的重要性

商业环境中唯有好的场景，才能使企业获得利润。好的场景是消费者所关注的场景，但时间和地点对于企业的场景创设同样重要。企业要抓住用户的需求心理，在对的时间、地点推荐对的产品，刺激用户的消费欲望，进而完成消费行为，获得更加广阔的市场。

例如，用户去家具城买东西，单件的产品堆积如山，并不会激发他们的购买欲望，可是当售货员将床、床头柜、台灯等产品组合成一间卧室后，会让他们体会到产品摆放在家中的效果，从而产生购买的欲望。商家就是通过这个场景设置来刺激用户的购买欲望，促使用户完成消费。

2.2.2 社群：关系属性，沉淀流量

要想让产品通过社群传播必须沉淀流量，吸收粉丝。流量本身是没有价值的，但用户和产品之间的关系链是有价值的。如果仅仅通过大量广告来变现，

产品与用户之间没有发生直接的关系,用户还是会流失。企业要利用社群,让用户和产品的关系黏结在一起。小米公司在这方面做得非常好,它创造了独具特色的粉丝文化,通过在线上和线下举办互动活动,提高用户的参与感与活跃度,从而获得用户的信任,将用户沉淀到自己的社群当中。

沉淀流量可以用一个生动的例子来解释:去河边钓鱼前先撒下一把鱼食,把鱼吸引来,然后再放入鱼钩,钩到鱼的成功率很高,可是这一把鱼食吃完后,鱼就会一哄而散。但是,如果扔完鱼食后撒下一张网,这样就能把鱼给圈住。营销就像是那把鱼食,而社群就像是那张网,把吸引过来的人给留住,把流量变成留量,如图2-2所示。

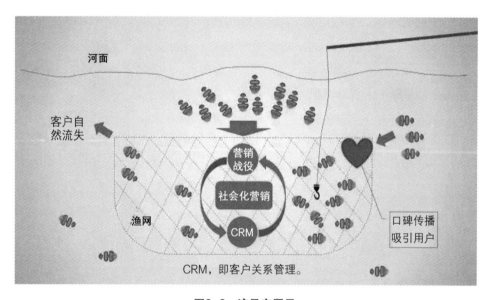

图2-2 流量变留量

2.2.3 内容:品牌在互联网上的抓手

内容是营销传播的本质,只有满足用户需求的内容才能吸引更多的用户。随着互联网的高速发展,企业要想做大、做强,就必须抓住消费者的内心,让消费者认准自己的品牌。

小米从最初研发手机，到现在研发饮水机、电视、平衡车、电饭煲、净化器、净水器等一系列产品，都获得了不错的成绩，主要是因为在之前就已经树立了很好的品牌效应，人们认同品牌才会去购买这个品牌旗下的其他产品。

好的营销需要通过品牌效应在市场转化下衍生价值，品牌的虚拟化也使市场逐渐虚拟化。例如，在平台上，某网红经营的门店一年的成交量达到上千万元，这种购买行为更多是出于对品牌的热衷而不是产品本身。因此，在互联网时代，企业必须要创新内容，让品牌成为互联网的抓手，吸引用户的眼球，满足用户的情感体验，为用户提供完整的体验过程。

2.2.4 连接：诠释效率，秒杀大众传播

营销并不需要很多的套路，更多的是满足用户的需求。社群可以帮助企业了解用户需要什么、用户想要的产品是什么样子、用户的想法是什么。企业汇总信息后，将信息反馈到产品当中，使产品更新换代，迎合用户的期望。

企业通过社群这个平台，让用户积极参与互动，在互动中找到关键节点，使用户与用户之间的传播效率、情感链接实现快速增长。典型的例子就是小米，小米就是在粉丝的情感和价值认同的基础上创造出来的品牌。因此，品牌应该把消费者发展成为社群成员，这样才能让企业提高传播效率，在激烈的市场竞争中赢得一席之地。

2.3 社群思维引爆社群营销

在互联网迅速发展的时代，社群思维有着重要的意义，不仅可以帮助企业打造优秀的社群，还有利于社群营销的引爆。好的社群是由体验用户构成、能够满足成员精神需要、具有鲜明价值观的精神联合体和利益共同体。

企业的社群思维必须围绕人来展开，认识到人的价值，在以后的企业竞争

中才会更有优势。未来，商业竞争更加强调人的核心价值，这也是商业人格化的魅力所在。

2.3.1 社群思维的三重意义

社群思维是为了让企业将思维运用到产品设计和用户服务上，而"互联网+"时代的社群思维则要想办法把企业和用户连接起来，让他们之间不只是买卖关系，更多的是企业文化和企业与用户之间的互动。

社会经济不断发展，人们在物质生活得到满足的前提下更需要精神上的满足。社群思维以人为本，让用户有满足感和幸福感。所以，企业如果拥有社群思维，在未来就有了核心竞争力和思想武器。

1. 以人为本的思维方式

以往，人类只是把产品作为企业发展的关键，如今，社群思维突破了这一局限，不再受任何外在因素的限制，使企业回归到以人为中心，让人参与到营销中的状态。过去行业的划分都是以产品或服务的功能为基础的，而近年来行业之间的界限变得模糊，未来的划分可能是以人的精神层面为基础。

2. 企业的思维工具

社群思维是一种全面关怀人性的经济思维，更多的是体现人性化，让用户感受到企业文化带来的幸福感和存在感。

在这个物质充沛的时代，企业要想立于不败之地，就必须做到人性化的服务，让人们在消费的同时感受到人性化的温暖。例如，在某个饭店就餐，当你从厕所出来时，服务人员会提醒你路滑请小心；当你抱着孩子去吃饭，服务人员会主动拿来一个儿童座椅。这样的人性化服务会加强消费者对企业的好感，增加消费者再次选择这个企业进行消费的可能性。

企业要想做大做强，就必须在生产高质量产品的同时提供人性化的服务，让社群思维不断地在企业发挥作用，为企业提供强大的思维工具，奠定良好的社群基础。

3. 面向未来的思想武器

社群思维是一种高度重视人格的思维，强调用人格化来传递自身价值，强调企业重视自身品牌的人格领域，通过不断把与用户的人格连接推向更高层次，从而构建深度的关系。

企业未来的核心竞争力体现在拥有忠实粉丝的能力上，这也就意味着，企业必须与更多的用户建立起深度的强连接关系。

2.3.2 社群思维下的"精神文明建设"

在现代社会，我们每个人的价值观和人生观都不尽相同。而随着精神商业时代的到来，社群经济不仅要满足人们的物质需求，更要满足人们的精神需求。让社群与用户的价值趋同，不断地和用户建立精神层面的关系，使用户认同社群的价值观念。

因此，在社群经济时代，企业必须把用户的感受和评价放在第一位，只有这样才能满足社群精神层面的需求。而且，企业只有了解用户的精神世界，对品牌进行人格化的表达，才可以让用户拥有与品牌内涵相一致的精神标签。

2.3.3 商业人格化的强大魅力

商业人格化就是让传统的商业工具带有人的"气味"，这样可以使产品更具黏性，能够吸引消费者。互联网时代，表面来看抢夺"人"的情况没有发生，实际上是把实体的人换成了网上的账号，而这些账号背后才是真正的人。

因此，整个商业的逻辑都是围绕人展开的，商业在不断地人格化：名称人格化，比如微信公众号当中"XX大叔"之类的账号，与一个冰冷直白的名称相比，拟人化的名称更有亲切感；还有形象人格化，比如一些商家尤其是人工客服，在与用户沟通时多是用真实的头像，不再是卡通或其他类的头像，这样做使用户的体验感会更加真实。

在互联网时代，人是企业的重心，抓住了人就相当于抓住了流量的入口，人这个入口在社群营销中具有不可比拟的优势。

第3章

搭建：
有社群才可以开展后续工作

社群是企业开展后续工作的关键。因此，企业需要找到社群并进行准确定位，在具体执行落地之前要思考：企业是什么样的群体、在什么样的场景下提供什么样的服务。

3.1 搭建社群之前需要知道的事实

在搭建社群前必须要了解社群，它是一个成员之间有着众多交叉的群体，企业设计生产的产品要围绕社群的生命周期，并想办法延长这一周期。产品在满足用户需求的同时又可以让企业获得盈利，社群就会形成一个良好的循环，达到最好的自运行状态。

3.1.1 社群并不是把一群人集合在一起

企业在建立社群时，首先要有情感的投入。如果只是生硬地投放一些广告宣传，会让用户觉得死板，不人性化。只有投入情感，才能将黏性较高、对企业具有更高潜在价值的用户留在社群里，让企业通过社群为用户提供更有针对性的服务。

例如，企业在处理用户关系时，可能要通过销售或市场专员进行一对一的电话沟通或者面对面的交流。但是通过微信群这个平台，企业可以在有限的人力投入下充分满足用户的需要。投入少却可以获得更多的回报，这就要求将企业和用户、用户和用户更多地连接到一起，形成超强的亲密关系。

用户在进行消费选择时，潜意识会第一时间做出反应，因此企业的产品和服务要努力使消费者产生认可和共鸣。但有趣的是，用户并不知道自己为什么有这种潜意识。例如，很多人喝咖啡总喜欢去同一家咖啡店，外出用餐也经常去同一家餐厅，这已经成为一种生活习惯，消费者会下意识地做出反应。

所以，企业应该向用户传递一种生活习惯，不是通过直接推广产品，而是通过社群慢慢地影响用户的潜意识。也许，用户原本并不太关注产品，但如果在社群中了解到其他用户和商家之间的互动与自己的生活习惯或思维方式非常相近,那在消费时潜意识里会第一时间想到这个企业的产品,并出现消费行为。

企业通过一个平台满足用户的需求,这种"需求"才是社群最重要的纽带。用户带着期望进入一个社群,只有在期望不断得到满足的条件下,才能保证不会出现用户退群或者社群成为一个"死群"的现象,社群才会发挥其最大的优势,从而推动企业不断地发展。

3.1.2 围绕社群的生命周期设计产品

每个社群都有自己的生命周期,企业必须在了解这一生命周期的基础上,设计相对应的产品,只有这样才能发挥社群的最大价值。例如,每个社群都要经历一个过程:萌芽期、高速成长期、活跃互动期、沉寂期、衰亡期。对于不同的生命周期,群主的想法是不同的,经典话语也不同,如表3-1所示。

表3-1 不同生命周期的经典话语

萌芽期	不如成立一个群吧
高速成长期	我们新成立一个群,专门聊XXX,人多有料快来
活跃互动期	这个群活动真多
沉寂期	冒个泡,好久没有说话了
衰亡期	群主,最近事多,清理群,我就先退了,有事直接小窗我

通过上表可以知道,在社群建立的初级阶段要积极建群、销售产品、汇聚有可能会购买产品的人,待这些人对社群认可时,巧妙地推广产品,让他们了解产品,并做好服务工作,这样就可以提升满意度,促进重复购买。

另外,企业也可以进行在线教育培训或者通过直播平台增加粉丝,建立学员群进行答疑,在销售产品的同时为用户提供优质服务。

社群的本质是利用人脉圈扩大营销规模。在社群的活跃互动期,需要建立一个营销模式：在线上可以连接成一个网状，让人们互相传播；在线下可以组织活动，形成一个非正式关系的小群体，逐渐凝聚成一个有影响力的圈子。通过线上和线下的活动，用户在了解产品的基础上与企业进行沟通和互动，有利于产品的推广。

社群发展的后期可能会走向沉寂或者衰亡，企业可以利用社群的模式进行裂变复制，借助这种方式迅速构建个人品牌的影响力。这种影响力可能会因为网络缺乏真实接触导致新入群的成员无法获得真实感受，这就需要社群管理者通过组织一些有新意的挑战活动，鼓励大家认同群体身份，最终借助成员的规模和影响力去获得商业回报。

3.1.3 成员之间必须产生多维度交叉联系

在互联网时代，未来商业将不再是单一的"矩阵式"形态，而是"网状"模式。社群之间相互交叉，由社群组成的网状系统让未来的商业模式彻底改变。

移动互联网时代的到来，使社群成员之间可以进行信息交流和传播，快速生成新"圈子"，产生很强的黏性。在社群组织外部，因为个体之间的联系，不同社群之间形成交叉，同一个体可以在不同的社群间交流。人与人、人与社群之间就会出现多维度的交叉联系，使其呈现一定的裂变性，不断将信息扩散出去，使社群传播成为一种新型的传播方式。

这种新的模式将会带动产业的快速升级，企业要想将流量变成留量，就要让成员之间进行新的多维度交叉。只有这样，企业才能在互动中发现自己的不足，并及时满足成员在物质和精神上的需求，促使自己不断发展壮大。

3.2 用5W1H法梳理社群目标

社群搭建起来容易，但要想使其永远充满生命力就必须用理性的思维去考虑和规划。用5W1H法梳理社群目标，首先要知道为什么搭建社群、社群具有什么优势；其次是社群的搭建对以后的工作具有什么意义、如何才能让虚拟走向现实等。

3.2.1 Why：为什么要搭建社群

搭建社群是为了增加企业的核心竞争力。对企业来说，只有搭建好社群才能为以后的工作做好铺垫。

（1）将产品卖出去。让用户了解企业的服务，同时满足以后的需求。

（2）通过交易占领人脉圈。把想要买东西的用户聚集在一起，让用户成为社群的成员，建立一个非正式的组织，方便以后的互动和交流。

（3）让有共同兴趣的人集会。人会因为共同的兴趣加入一个群体，例如喜欢写字的一群人会加入书法群，在群里聊一些关于书法的话题，共同学习、分享知识点等，这样会促进社群成员的沟通交流，活跃社群。

（4）建立品牌效应。企业要和用户建立更紧密的联系，并不仅仅是简单的交易关系，还有精神情感方面的联系，力求通过群体建立起品牌口碑，将流量变成留量。

（5）构建企业影响力。通过社群的不断裂变复制提升企业的影响力。企业可以开展一些线上和线下的双重活动，获取用户的充分信任，最终将用户圈在社群里，使自己获得强大的影响力。

3.2.2 What：社群具有什么优势

企业在搭建社群时，必须要进行理性的考虑和规划，找到社群的"价值点"。这样才能抓住用户的痛点，让用户感受到企业所生产的产品是有针对性的，可以满足需求。

（1）价值要尽可能抓住成员最缺乏的需求。

（2）价值要细致划分。

（3）价值要给运营者带来回报。

（4）价值要互惠互利，比如在社群中，大家除了平时的交流之外，还能互相解答问题，一起学习和进步。

3.2.3 Where：在哪里搭建社群

1. 从功能角度搭建社群

从功能角度搭建社群是指通过设计规模、数量、结构、权限、玩法、共享来提升社群吸收优质粉丝的能力，增强社群活力，如表3-2所示。

表3-2 QQ群和微信群对比

对比项目	QQ群	微信群
规模	购买超级会员可以建4个超级群，每个群2000人，500人群随意建，1000人群8个	群数量没有限制，每个群最多只能500人
数量	低于500人可创建多个，不超过好友人数上限	随时创建，没有限制
结构	金字塔结构，1个群主，多个管理员，只有通过管理员才能入群	环形结构，有创建者，每个人关系平等，都有邀请权限，创建者可以踢人
权限	群的管理员拥有更大权限，可以发语音视频传文件	群员之间权限平等，只有创建者能踢人，邀请制度
玩法	有匿名、群等级、改名、群红包、群@、禁言、群投票、群作业、群活动等各种玩法	主要为群红包
共享	可传文件、有公告板、相册、文件共享、演示共享，基本不屏蔽其他网络链接	传文件效率不高，屏蔽部分链接

除了搭建QQ群和微信群这两种线上社群以外，企业还可适当开展线下社群活动，加强成员之间的联系，提高自身影响力。

2. 从用户习惯角度搭建社群

从用户习惯角度搭建社群要用实际数据，这样可以使搭建起来的社群更加符合用户的需求，可以有效增加用户的使用量。

3.2.4 Who：社群由谁组成

（1）创建者。创建者要有吸引力和号召力，能够领导一部分人创建社群；有一定的管理能力。情商高，能够和下属沟通交流，在群体中有威信。

（2）管理者。管理者要有良好的管理能力，以身作则，有责任心和耐心，恪守职责，团结集体，果断决策，赏罚分明，想法长远。管理者可以分为以下几种，如图3-1所示。

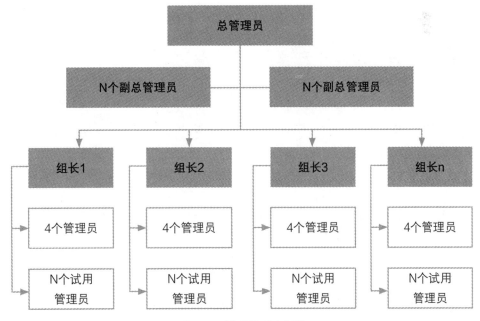

图3-1　社群管理者划分

（3）参与者。参与者必须以大局为重，要能够参与到群讨论当中。

（4）开拓者。开拓者要懂沟通策略，能够挖掘群体潜能，利用不同的平台传播社群。

（5）分化者。分化者可以深入学习，深刻理解社群文化，有社群的构建经验，为以后大规模的社群复制积累经验。

（6）合作者。认同社群文化，能够和社群匹配的人可以成为合作者。

（7）付费者。社群运营需要成本，付费者可以提供经费，通常是赞助商或者合作商。

3.2.5 When：什么时候开始搭建

这里的When一方面是指什么时候开始建立社群，另一方面是指社群的生命周期有多长。需要注意的是，生命周期与需求时长定位有着非常密切的联系，不可过度投入。如果是产品型社群，一定要在其生命周期结束前将产品销售出去。

3.2.6 How：怎样进行变现

目前，社群的变现方式主要有：会员式、电商式、服务式、众筹式、智库式、抱团式和跨界式。这几种变现方式各有优缺点，在选择时需要考虑社群的具体情况。

3.3 社群结构的两种主要类型

社群的结构主要有两种：金字塔结构和环形结构。前者分为不同的层次，后者必须有一个中心人物。下面来看一下这两种结构的具体形式。

3.3.1 金字塔结构：细分为不同层次

金字塔结构将社群的成员划分为不同的层次，以学习型社群的金字塔结构为例，如图3-2所示。在顶层有一个有着绝对影响力的人，称为思考者，下层依次是组织者和求教者。这些人会组成一个社群，成员都要追随金字塔顶层的思考者。

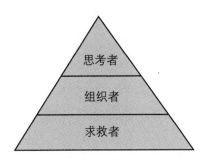

图3-2 学习型社群的金字塔结构

金字塔结构的社群可以变形，转化为一个核心管理群，群里的每个人再去维护一个小群，形成一个群的递归金字塔管理模式。

3.3.2 环形结构：拥有活跃的灵魂中心

在环形结构中，一个人的身份可以有所改变，人和人之间也相互影响。但是在这个结构中必须存在灵魂人物，他会有多重身份，可能是思考者、组织者等。如果一个群拥有2～3个思考者，就能使群充满生命力，而且会让成员不断成长。

在环形结构中，人与人之间的身份可以互换，如图3-3所示。在社交群中，思考者、组织者和清谈者这三者的身份可以互换，三者都可以作为中心人物思考出有深度意义的内容，从而使围观者参与其中，达到提高参与度、活跃氛围的目的。

图3-3 社群的环形结构

3.4 搭建社群的条件

搭建社群是有条件的,社群搭建得好,企业才能更好地运营。构建新的社群,首先要有高质量的产品输出,和用户互动,给用户最优、最人性化的体验;其次,社群成员要有一致的价值观,这样用户才会对企业产品及企业文化有高度的认可;最后,企业要在用户心中树立一个正面的形象,宣传企业的优秀文化。

3.4.1 高质量产品和最优化体验

产品是社群的一个载体,企业要想推出高质量的产品必须定位目标用户,然后根据目标用户的需求开展设计和生产等工作。作为社群和成员之间的关系纽带,产品在生产时必须把质量放在第一位,严把质量大关。

卖出高质量的产品只是企业竞争的第一步，只有在销售的同时给予用户良好的体验，才能让企业在众多竞争对手当中立于不败之地。社群要想长远发展，除了线上活动，还需要线下活动，促使社群成员互动，增强社群成员之间的凝聚力和对社群的认可。

3.4.2 成员一致认可的价值观

前文提到，社群是有一致价值观的人聚集在一起而形成的群体。因此，价值观是成员的灵魂，在创造共同的价值和认知后，成员才会一直追随社群而存在。像阿里巴巴，在成立之初就喊出"让天下没有难做的生意"，也让员工们知道自己的努力方向。阿里巴巴就这样迅速地发展起来，这就是统一价值观的力量。

社群里的每一位成员因为有着共同点而聚集在一起，企业要利用这一点，让他们的价值观保持一致。例如，在社群中，所有成员都有固定的头像和名称，这有利于统一社群的价值观。社群要有固定的模式，形成自己独具特色的文化。例如小米的橙色星期五：每个星期五都会和用户互动，有利于用户养成良好的互动习惯。

社群的成员会因为一致的价值观聚集在一起，所以在建立社群之前，必须有明确的价值观，这样不仅有利于社群的管理，更有助于社群生命力的延续。

3.4.3 始终如一的正面形象

良好的形象是社群发展的基石，其中包括社群的外在形象和内在精神。外在形象包括社群的名称、社群推广的广告等。有人认为，社群的名称有树立社群形象的作用，例如有一些产品是在"卖招牌"，就像买烤鸭要买全聚德、买鞋要买内联升等。这些都是在很早以前就有的招牌，给用户留下了好的印象，让用户能够信任从而不断购买。社群推广的广告也要体现企业的创意，用户只有在被迅速吸引之后，才会带着好奇心去购买产品。

当然，只依靠外在形象是不够的，社群还要有内在精神。一个社群之所以能够有超长的生命周期，不仅产品要有稳定的销量，企业也要有自己的文化。首先，企业要诚实守信、公平公正；其次，企业要关心社会发展，在发展的前提下造福于人民和社会；最后，企业要有创新精神，紧跟时代的潮流，使自己更具创造力。

第4章

垂直定位：
培养良好社群的前提

社群创造了社会纽带，虽然社群的创建很容易，但创建具有吸引力和持久生命力的社群仍然很难。想要培养良好的社群，首先要对社群进行定位、分析和挖掘资源。本章将介绍这些操作的具体环节。

4.1 明确定位的范围区间

培养良好的社群，首先要对用户进行定位，确定用户的基本属性，必要时进行数据分析，保证定位结果的准确性，为培养良好的社群打下坚实基础。

4.1.1 用户画像：基本属性+经济实力+地域

分析任何一个人，都应该从性别、年龄、爱好三方面着手，这三方面也被称为社群成员的基本属性。

1. 性别

男性和女性各自具有不同的特点，例如，男性思考问题更加理性，女性看问题更加感性。

在运营之前，企业社群如果将目标群体定位为男性，那展现的内容就要理性、具有思辨性，这样才能得到成员的关注，引起共鸣。

另外，男性更热衷于游戏、名车、投资、创业等内容，要想吸引到更多的男性成员，可以将这些内容作为社群运营的主要切入点。例如，游戏直播能红遍大半个互联网，就是因为它符合用户的需求，得到了用户的认可和拥护。

美柚推出后，得到了女性用户的一致好评。两年后，美柚的用户已经超过了1亿，日活跃用户数达到500万，用户日均发帖量超过440万帖。美柚取得的一系列成果，与它对用户的准确定位有着莫大的关系。

这款APP是从女性的经期管理作为切入点，因此将用户定位为女性。有了这个定位后，美柚继续为用户提供孕期管理、育儿知识交流、寻找闺蜜等服务，这一系列极具针对性的服务，将美柚打造成了一个"女性王国"，在女性用户中获得了超高人气。

2. 年龄

年轻人朝气蓬勃，对新事物有着强烈的好奇心，所以当社群操盘手将目标群体定位在年轻人中时，可以在社群中分享热点事件，提供最新的时事消息。语言要生动有趣，避免教条、严肃的说辞。例如，《万万没想到》能得到广大年轻用户的支持，就是因为其内容新颖，且表现形式极具趣味性。

中老年人更关注健康养生问题。例如，春雨医生用了短短4年时间，成功拥有了6500万用户、20万注册医生以及7000万条健康数据，成功打造出一个移动医患交流平台。春雨医生契合了中老年用户的需求，提供了咨询、答疑、用药建议等一系列便捷的服务，积累了大量稳定忠实的用户。

3. 爱好

爱好直接决定着成员的实际行为。如果社群中表现的内容与成员的爱好相契合，那么成员就会成为社群的忠实粉丝。反之，就算这个社群通过实际利益吸引到了成员，也很难将成员稳定地留下来。由此可见，对成员的爱好进行准确定位是非常重要的。

知乎作为最大的中文问答社群之一，为了满足用户不同的爱好，吸引更多的用户，对问题类型进行了细分。在知乎上，用户可以根据自己的兴趣快速、准确地找到组织。例如，IT行业人员或者IT工作爱好者，能进入IT模块与大家交流学习。不过，对于刚搭建起来的社群，前期主要从某一种兴趣爱好入手，不求多而全，但求精且深。

4. 经济实力

很多社群为了保证成员的切身利益，会不定期开展各种线下活动。开展线下活动需要场地，有些线下活动开展的时间较长，甚至会涉及吃饭、住宿等问题，这些问题都需要钱来解决。因此，对成员经济实力属性的定位，是社群运营者不得不考虑的问题。

如果社群成员的经济实力雄厚，那么开展线下活动的障碍将会减小。相反，如果社群成员基本上属于中低收入阶层，那么如何花最少的费用打造最优质的线下活动是社群运营者首要思考的问题。对社群成员经济实力属性的定位，将有效避免线下活动费用与成员经济实力不符的尴尬情况。

5. 地域

策划机构新世相曾策划了《我已经买好了30张机票在机场等你：4小时后逃离北上广》的活动，文章的阅读量超过了1000万。

新世相发起的这场逃离北上广的活动，之所以能引起如此大的反响，其中很大一个原因就是对成员地域属性的准确分析。身处北上广的成员，饱受来自各方面的压力，身心皆处于一种疲惫状态，对于他们来说，逃离北上广，哪怕仅仅享受一段短暂、无压力的生活也是极好的。所以，这个活动开展以后迅速得到了响应，在用户的心中留下了深刻的印象。这个案例的成功充分说明了地域属性分析对企业社群运营的重要性。

4.1.2 数据分析工具：图表、百度指数

借助图表、百度指数这些工具，能简化属性分析的难度，从而对社群成员作出更加精准的定位。

1. 图表

将收集到的各类数据整合到一个图表当中，可以直观看出各类数据之间的关系。社群运营者通过这些数据所反映的关系，就能对成员作出准确的定位。图表展示数据的优点主要有三个：一是数据关系更加简单；二是数据呈现更加客观；三是数据展示更加明确、清晰。

首先，在现代科技的引领下，图表制作简单，数据读取也比较简单。借助拥有强大功能的计算机来制作各种图表非常方便，如今还出现了各种软件，制

图者只需要根据数据类型选择相应的软件，输入数据后就能自动生成图表。图表展示的数据具有一定的逻辑性和条理性，这使得数据的阅读、分析过程更加简单。

其次，这些数据按照一定的逻辑展示在图表中，能有效避免携带感情色彩。如果用语言文字来描述数据，很多情况下，描述者会不由自主地将自己的主观思想夹杂进去，使得数据失去原有的客观性，运营者难以从有失客观性的数据中对成员做出准确的定位。

最后，因为图表中的数据是根据逻辑整合到一起的，所以条理非常清晰，运营者可以便捷、高效地比较数据获得结论。这也是如今很多领域广泛使用图表的原因。

总而言之，借助图表来分析数据的优点较多，这使定位成员的工作变得简单高效。

2. 百度指数

除了图表以外，借助百度指数这个分析工具也是不错的选择。在互联网时代，人们的衣食住行或多或少地与互联网联系在一起。从食品、衣物等生活必需品，到出行的车票、酒店，网购已经成为人们生活的一部分。人们在网上的一切搜索行为都会被记录下来，然后通过在一定时间内的深入分析，就可以得出百度指数。

由此可见，百度指数所反映的内容非常精准和权威。通过形象化的分析，得出人们所关注的热点问题以及人们在一段时间内的兴趣和需求。而且，这些数据免费提供，使社群运营者节约了不少成本，也为内容的创作和输出提供了方向性指导。

百度指数的更新速度非常快，基本上每天更新一次，这保证了数据的时效性。而且，百度指数还会保留1个月、3个月、6个月和1年的数据，如果运营者需要找出以前的数据与现在的数据进行对比，将会非常方便。

百度指数的另一个功能是，当用户在搜索框内输入一个关键词时，它能自动从新闻搜索中提取10条与之相关的热门新闻，为用户提供一定的思维指导。当社群运营者找不到合适的内容来吸引成员时，这些新闻有时候能为他们提供一些启发。

在信息爆炸的时代，借助图表和百度指数等工具，能有效避免社群运营者迷失在浩繁的数据中，也可以在优化工作流程的同时保证定位的准确性。因此，这些数据分析工具是值得提倡和使用的。

4.1.3 一句话说出你的成员属性

在找准成员属性分析的切入点并得出结果之后，社群运营者还需要对结果加以总结。通过总结确定成员的最终画像，为社群提供明确的发展方向。

例如：首先，通过对基本属性的分析，得出目标群体的性别为女性，年龄在20~35岁，爱好是写作；其次，通过对专业背景的分析，得出目标群体主要从事编辑出版工作；再次，通过对经济实力的分析，得出目标群体的收入大都集中在中等水平；最后，通过地域的分析，得出目标群体主要集中在二三线城市。

接下来，社群运营者需要对以上属性进行整合，并在此基础上对目标群体进行定位，最终根据这个定位来设计和确定运营策略。以上文提到的各种属性为例，来看看整合后与整合前的结果对社群运营的影响。

来自二三线城市、从事编辑出版工作、爱好写作的年轻女性是主要目标群体，这可以说是对目标群体的一幅完整画像。显然，由于二三线城市的生活压力小，社群在推送内容时，就不能仅仅局限于搞笑、轻松等类型。从专业背景属性来看，在社群中为成员提供与编辑出版工作相关的内容，能引起成员的共鸣，尤其是一些编辑实用技巧、高效编辑诀窍的内容，更能引发成员的好奇心和关注。

经济和地域属性对社群运营开展线下活动的影响最大。对于收入处在中等水平的成员来说，高昂的线下活动费用是难以接受的。可能有些成员对线下活动很感兴趣，但价格令其望而却步。同样的道理，成员来自不同地区，如果线下活动的地点太过于偏远，也会造成一部分成员的流失。

以上举例分别从不同属性入手来制定社群运营策略，但是如果将这几个属性孤立开来，就会造成顾此失彼的结果。所以在实际操作中要将这些属性加以总结，有效整合。

4.2 对比分析：5大主流垂直社群

影响社群成功的关键性因素是定位是否准确。所以，企业社群创建者要在前期对社群进行垂直定位、确定类型、为成员画像，保证社群能够精准对标用户，以便进一步探索社群运作模式，获得商业盈利的成功。这部分内容主要就是对标分析，以五大主流垂直社群为蓝本，对标本社群的定位类型，以便开展接下来的工作。所以，社群定位是至关重要的一步，企业社群创建者要全面统筹、总体把握。

4.2.1 产品型：以产品为核心，进化组织形态与产品

以产品为据点延伸出更多的情感价值，这是移动互联网时代下的思维定位，产品型社群成为区别于家庭、公司之外的一种新型连接方式。虽然产品型定位不是社群最重要的模式，但已有的成功案例还是对传统商业造成了一定的冲击。

在过去的传统工业时代，产品到达消费者手中要经历重重关卡，各级经销商层层剥利，导致产品价格居高不下。在当下的新型互联网时代，电商可以在线消除时空差距，产品、库存、管理等维度都随之降低，这就是电商能够给传

统商业带来冲击的原因。因此,电商必然会颠覆传统商业,其组织形态也会产生革命性的变化。

互联网时代下的商业链条简化降维以后,什么成为最重要的维度?答案是产品。而企业社群能够赋予产品除使用价值以外的价值,那就是依附在产品上的情感性价值。比如,腾讯系产品以QQ为火车头,附载一系列产品,包括QQ空间、QQ群、QQ游戏等,时间也赋予了QQ独特的情感价值,使其成为众多"80后""90后"的青春记忆。

产品型社群赋予产品情感价值,如果剔除冗余,单纯从产品着手,那社群运营者要如何才能打造符合自身特点的产品呢?

1. 极致

从商业角度讲,买家与卖家之间唯一的连接点就是产品,若卖家用极致的专业态度打造产品,用简约的审美衡量设计,那产品注定是与众不同的。比如,雷军对待小米产品的态度就可以用极致来形容。小米的黎万强在《参与感》一书中附有一张海报,密密麻麻的"改"字足以体现小米对产品的严苛程度。对产品细节的把握可以看出领导者对产品的情感与态度,当然也能让粉丝们心甘情愿地买单。

2. 简洁

去除所有不必要的东西,只留下核心关键部分,这就是产品的简洁性。极致与简洁是赢得客户青睐的两大法宝,只有将这两大法宝与产品完美地结合起来,才能制造出高品质的产品。同时,要注重用户体验,以用户的角度来思考问题,凸显产品的人性化特点。

3. 情怀

过去,产品与品牌挂钩;今天,产品要与情怀匹配,有情怀的产品才有灵魂,才会让消费者在情感上产生共鸣。比如锤子手机,罗永浩集结了众多资源,打造了一款具有工匠精神的手机,这与商业世界中追求效率与盈利的大背景格格不入，而正是这种格格不入，赋予了锤子手机一种独特的情怀，使粉丝愿意为这款小众手机买单。

产品型社群是五大主流垂直社群中的第一类，也是最直观的一类，即以产品为核心，用极致与简洁为产品注入情怀。在这个产品被人格化的时代，产品不仅仅是产品，更是一个会说话的中间人——连接了买家与卖家，这符合市场经济下的商业运作规律。

4.2.2 兴趣型：基于共同爱好，提高凝聚力

顾名思义，兴趣型社群就是以兴趣图谱为主要原则创建的圈子。在互联网以及移动互联网条件下，人可以突破时空限制，将有着共同兴趣爱好的人集合在一起，然后满足他们的个性化、差异化需求，比如，美食类社群——大众点评、科技媒体型社群——36氪等。

当个体或组织非常熟悉某个兴趣爱好点时，他（他们）不仅能够解答网友提问，还可以适当地给出未来的发展趋势，这是创建企业社群的基础。比如，钓鱼社群，以斗鱼、花椒等直播APP作为网络平台，聚集一群钓鱼爱好者，分享钓鱼心得，组织线下活动，甚至启发思维促进更深层次的沟通交流。在这个意义上，兴趣型社群更容易产生网红，发展网红经济。

即使是一些小众化的兴趣也能够在社群中找到同类成员，这些成员可以通过社群平台进行互动并获得共鸣。兴趣型社群因为有着共同的目标和价值观，有可能触发隐含的商业价值，比如母婴社群、户外论坛等。

另外，兴趣型社群的定位比较简单，就是以某种或某类兴趣爱好为核心，将一群人聚集起来形成圈子。比如，90后的消费需求非常明显，带有个性化标签：喜欢汽车、创意酷玩、户外旅行等。兴趣型社群就是负责将具有共同兴趣的成员圈起来，打造一个高度融合的专属部落。

依据兴趣爱好搭建起来的社群，想要更好地生存下去，应该以成员的真实

需求为出发点，将活动与成员紧密地结合起来。因此，兴趣型社群需要满足成员的差异化需求，具体可以从以下三个方面入手。

1. 线上+线下

既然是兴趣型社群，就需要强化"线上+线下"的沟通融合。比如，在社交领域开展线上活动，向更深层次的垂直领域发展；还可以增加美食共享、同城活动、购物分享等社交功能，这些活动带有线下活动的优势，社群运营者可以顺势将线上的创意延伸到线下实施。

2. 创意活动

仅仅有这些简单的活动还不够，兴趣型社群的定位决定了企业要以兴趣为核心，衍生出更多更好玩的创意活动，这样才能吸引成员，增强成员对社群的黏性，提高成员对社群的忠诚度。如果兴趣型社群的范围有所扩大，可以以城市为基础进行划分，举办联动性创意活动，增强品牌的知名度和影响力。

3. 兴趣部落

一个大的兴趣型社群要将活动内容做得更细致，需要在内部划分出多个小众化兴趣区域块。所以，社群运营者可以在企业社群中建立独特的专属领域兴趣部落。比如，在兴趣型社群中组建多个兴趣部落，通过奖励分享经验的资深成员来活跃气氛。

社群的垂直定位问题是确定社群基本走向的方向性问题，社群创建者在战略前期就要规划好，坚持以兴趣为核心，大家一起玩。与其他类型社群相比，兴趣型社群更加倾向于创意和可玩性，这样有利于吸引成员，激发成员的活力。

4.2.3 品牌型：以忠诚度为目的，以社群营销为核心

品牌型社群通常以忠诚度为目的，以社群营销为核心，搭建符合自身特点

的运营模式和表现平台。另外，品牌型社群专注于在整体营销背景下的个性化、差异化的战略理念。比如，小米的战略理念，就是建立以产品和粉丝为核心的社群，然后拓展到整个品牌。同时，出色的米粉也为小米的社群运营和销售工作打了坚实的基础。

综合来说，品牌型社群就是将有着趋同意识的消费者和社群创建者联合起来，构成区别于其他品牌概念的特殊群体组织，其核心特点是对特定品牌的忠诚度非常高。品牌型社群要具备以下四个基因。

1. 产品媒介

品牌型社群是以产品为代表的品牌营销，也就是说，社群成员只有真实感受到产品，才会产生初步的信任感。同时，社群运营者还需要赋予产品特定的品牌内涵、品牌故事以及文化积淀。空洞无趣的内容不可能持续吸引社群成员，更不必说长久活跃下去。

所以，品牌型社群首先要以产品为媒介来与社群创建者和社群成员沟通，这样才能刺激新成员加入。当然，加入社群的动力可能会因社群而有所区别，可以是娱乐元素驱动，也可以是社交驱动或经济关系驱动等。

2. 成员洞察

社群创建者在明确社群的垂直定位以后，需要对社群成员进行全面考察。比如，在社群内建立一整套完善的机制，保证社群创建者或运营者能够接触到社群成员，便于了解社群成员对社群的深层次需求和市场的最新动态。同时，对优秀的社群成员给予适当的奖励，活跃社群氛围。奖励要围绕品牌开展，可以延伸也可以深入，但最终都要以社群和社群成员的互惠共赢为目标。

3. 风险控制

品牌型社群往往是一系列产品和铁杆粉丝的聚集地，社群运营者要保证在出现负面事件时及时控制风险，最大化地消除不良影响。日常运营中，社群创建者要及时监测社群内外的潜在隐患。当出现问题时，要在第一时间做出反应,推出应急解决方案。

4. 爆裂模式

非一二线明星的铁杆粉丝可能不是很多,只有两三万人,但正是这些数量不多的粉丝支撑起明星的整个品牌体系。他们运用移动互联网快速传播的优势,让数万个结点持续爆裂,影响更多的人,即使不能转化为粉丝也可以形成规模效应,知名度和影响力也会越来越强。品牌型社群要借助这点优势,以点带面,促进自身的全方位发展,同时,紧密联系种子用户和铁杆粉丝,运用爆裂模式进行无限延展。

从品牌型社群的天然基因中可以看出,其核心点还是平台、用户和组织者。通过社群运营者的全方位规划可以将品牌型社群打造成为高忠诚度、高黏性的用户群体。

4.2.4 组织型:以知识为导向,实行模式创新

在"大众创业、万众创新"的时代,创业虽然存在一定程度的风险,但符合当下的国民经济特点以及"互联网+"的发展趋势。如今,创业的成本越来越低,出现了很多大学生成功创业的范例。创业不是单纯的口号,而是需要创业者脚踏实地做出业绩。

以企业社群为切入点来说,建立企业社群也是一种创业。目前,国内并没有太多建立企业社群的经验,除极个别的企业社群非常成功外,其他各种类型的社群都在探索试验期阶段。本节以社群的第四种类型为例,解读企业社群的建立。

组织型社群的最大特征是以知识为导向进行模式创新,比如碳9学社,由真格基金合伙人之一的冯新及部分创业者共同建立。"碳9"的谐音是"探究",寓意"探究式学习"。简单来说,碳9学社是一个专注于创业者的学习组织型社群,通过不断学习,为创业者提供所需的知识储备和社交资源。

知识只有在学习与消化后才能为自己掌握，传统的老师讲授模式是一个单向传递过程，学生处于被动的状态，效率非常有限。而主动学习则有所不同，在输出过程中进行内部消化吸收，或者在自己已经完成消化的前提下传授他人，完成学习、输出的双向互动。

以碳9学社为例，组织型社群的目标可以分为三个层次。

1. 学习与社交

碳粉们（碳9学社的粉丝）在碳9学社的学习过程中，能够体会到快速学习新知识带来的强烈冲击感。碳粉除了要完成作业，还需要将快速学习的能力嫁接到社交过程中。比如，通过线下与线上活动提高曝光度，频繁地刷存在感，让碳粉对你有深刻的印象。

2. 领导与经验

领导力无论是在社群学习中还是在创业过程中都非常重要。比如，你可以在碳9学社的内部进行小团队建设，吸引新的碳粉，进而成长为合格的队长、学委或领袖。

而经验是在实践过程中不断积累的，碳9学社的正课竞技模式能够为有相似价值观和兴趣偏好的成员提供平台，搭建特色的碳粉群体。这个过程中，创业者在组织创业或社群建设方面的经验也会日益丰富。

3. 实现创新

碳9学社是学习组织型社群，所以，在提高成员的学习能力和社交能力的基础上，也会增加新的影响力。比如，正课结束后进行比赛，选出一个冠军队，这种竞技的方法既能使成员获得巨大的成长，也可以实现战略规划的创新。

综上所述，组织型社群以知识为导向进行创新，打造有特色的创业方法论，为众多创业者提供学习成长的平台。

4.2.5 工具型：以工作为目的，进行系统性学习

同学聚会时，大家纷纷拿着自己的手机扮演低头一族。随后，班长发话："来来来，大家都打开手机微信，我建个群，以后有什么事情可以直接在群里说，方便联系嘛。"于是大家陆续进群。

这是一个简单的工具型社群的雏形，但要想形成真正的社群，还需要一系列的制度和运营体系。在生活中，同学聚会用微信建群的事例非常常见，这种工具型社群具有诸多优点，比如方便灵活、可嵌入多个场景、应用性非常强等，完全可以满足用户在制定或模拟场景下的沟通需求。

比如，以学习经济知识或PS技术为目的的工具型社群，是以工作为核心导向进行系统性学习。可以说，工具型社群的主要特色是以知识转换为主，以社群平台为落脚点。如果社群创建者计划走工具型社群的道路，就需要考虑三个问题。

1. 社群运营

运营是工具型社群的战略性问题，比如，只创建一个社群时管理较为方便简单，但数量增多以后呢？单纯的学习是件枯燥的事情，如何调动成员的学习动力，是否需要切断一切群内闲聊的途径？社群在运营过程中必然会遇到各种问题，社群运营者应该全方位把握这些问题，提前制定好解决方案。

2. 信息沟通

进入社群时，成员们都怀着提升职场综合能力的期待，他们可能拥有相似的疑惑或者需求，于是，如何消除成员的信息交流屏障就成为一个非常现实的问题。

微信群等交流方式很难进行深入探讨，而且还可能会有其他成员进行与学习无关的发言，从而妨碍探讨的进行。所以，社群运营者要解决好信息沟通的问题，建立一个高效的信息交流模式是非常必要的。

3. 奖励机制

与兴趣型社群相比，工具型社群略显枯燥，想要减少这种枯燥，增添学习动力，就需要有相应的奖励机制，激发成员持续学习的动力。当然，仅靠社群内优质成员的知识输出与共享是不够的，还需要拓展更有激励作用的奖励体系，对优质内容提供者、社群活动组织者、参与成员等给予不同的奖励，为工具型社群注入持久的动力。

工具型社群突出学习这一要素能够为成员提供更系统的学习方法，使他们在专业领域进行深层次钻研。比如，专门针对PS技术的社群汇聚了一群想学习PS的人和精通PS的专家，大家在知识互动中能够互相学习、共同进步。

4.3 做最擅长的事，找准自身社群定位

社群创建者有了合适的定位后，就需要细化定位的元素，进一步找准自身的定位。需要注意的是，根据自身的资源和特长将社群做得更加专业化，可以使成功的概率大大增加。

4.3.1 找出自己的资源特长

运营社群需要智商与情商并重，绝大多数人在社群中游刃有余，但却不一定能够胜任社群创建者，独自领导一个社群。

完成一件自己不熟悉的事情，最好的途径就是从最擅长的地方着手。社群创建者也要有这样的思维，比如自己酷爱音乐，可以集结一些热爱音乐的人，这就属于目标定位。至于如何下手，就要从自己的资源特长出发。

从组织关系上来看，无论是小到十几人的团队组合，还是大到数万人的国际集团，其形成都是因为有着共同的目标、关系或性质，这种联系可以通过互

联网进一步加强。运营社群也是同样的道理，社群运营者要从自己最擅长的领域着手，等到社群扩展到一定规模以后，再统筹全局，以免出现资源分散、管理层级冗余等问题。社群创建者在面对这些难题时，要从资源着手，从根本上解决问题。下面是告诉社群运营者如何从三个方面正确运用资源。

1. 内部社群资源梳理

社群能够吸引一部分人加入，是因为其自身魅力，这种魅力也是一种资源。社群运营者要将社群资源进行梳理，将社群文化底蕴传递给成员，同时，要促进成员的双向沟通和交流。例如，社群运营者可以在社群内部搭建资源体系结构，促使成员利用资源进行创造，产生奇妙的创意思维。

2. 外部社群资源联合

从内部来说，社群凭借自身的资源吸引了一群价值观或目标一致的成员，这是一种资源运用；从外部来说，社群要加强与其他社群的沟通，将内部资源准确对接外部端口，与其他社群互惠共通，产生更多的商业价值。同时，成员们还可以结识其他社群的成员，获得更多的优势资源，这有利于激发成员的活跃度和参与积极性。

3. 加强稳固人脉资源

很多时候，社群内的资源更偏向于人脉，其存在为社群的运营和持续发展提供了强大的动力，社群的创新源泉也有了保证。比如，在社群内，大家通过社群运营者的组织而汇聚到一个线下活动中，扩大了人脉圈，这也是职场人士都愿意建立和维护的关系网。

对社群运营者来说，自己本身的资源是有限的，在初期可以运用这些资源构建社群基础，但在后期应该通过社群体制去激发更多的潜在资源，这才是精准定位社群的有益方法。

4.3.2 需求深挖：把用户核心需求弄清楚

一些经验不足的创业者认为，马斯洛需求层次理论和社群毫无关系，但事实并不是这样。一方面，为了增强成员的黏性，强化组织管理，创业者需要满足成员的需求；另一方面，满足成员的需求也是社群建设的必要手段。

所谓成员的需求其实就是指马斯洛需求中的一种或几种，只有需求被满足，才意味着社群有了自己的"产品"。因此，创业者应该牢牢把握马斯洛需求，以便更好地满足成员的需求。接下来详细介绍马斯洛需求层次理论的五种需求。

1. 生理上的需求

社群可以满足成员在生理上的需求，例如产品（既包括物质产品也包括精神产品），它是产生社群经济的一个基础保障。

2. 安全上的需求

只要是企业社群，就应该有相应的价值观和制度，这也是满足成员安全需求的必要条件。一般来说，成员会对社群产生一定的信任度和安全感。例如，有一群人是"罗辑思维"的成员，他们特别信任主讲人罗振宇，大家都有一个相同之处，即都认同"罗辑思维"的价值观，或者是都欣赏罗振宇的个人魅力。

3. 情感和归属上的需求

想要获得发自内心的快乐，最好的办法就是相互付出后都有收获，只索取而没有付出的快乐是不长久的。这一论断同样适用于社群，成员只有在社群里有一定的付出，才会感受到自己存在的意义，从而产生自豪感和归属感。

实际上，任何人都愿意做力所能及的付出，因为人的本性都是善良的，而且这会为他们带来真正的喜悦。社群中的成员在社群里有所付出并得到回报时，他们就会对社群产生很强的黏性。

小米之所以会如此成功，其中一个重要的原因就是让成员——"发烧友"们参与设计。在这一过程中，大家群策群力，付出自己的努力，这样可以让他们更加珍惜自己的成果。另外，他们也会产生"我们也参与了产品设计"的自豪感。

在那些参与产品设计的"发烧友"眼中，小米社群就好像他们的孩子一样。因此，他们会对小米社群呵护备至，此举也推动着小米社群的发展壮大。

小米社群的例子告诉大家，在运营社群的时候，要注重成员的情感和归属需求，这也是加强成员黏性的一个重要手段。

4. 尊重上的需求

要想成为一名合格的社群创业者，就要了解社群里每位成员的付出，然后根据付出的多少判断他们的级别，随着付出的增多，级别也应该不断上升。这个道理类似于游戏，一款游戏受到玩家追捧的重要原因就是玩家可以在游戏里获得一定的成绩，这个成绩可以给他们带来相应的地位和心理满足，让他们产生受到尊重的感觉。

5. 自我实现的需求

要想让成员对社群保持忠诚度，社群就要满足成员更高层次的需求，即马斯洛需求层次理论中的第五层——自我实现的需求。换句话说，成员要在社群中实现自己的某些愿望，这里所说的愿望，既可以是物质方面的，也可以是精神方面的。

自我实现的需求要比其他四个更高级，所以满足起来并不简单。在这种情况下，社群运营者可以让个别的成员做出榜样，激励其他成员对自己提出更高的要求。只有社群运营者或个别的成员达到了"自我实现"这一层次，才可以激励并带动其他成员。

对于社群创业者而言，最关键的任务就是满足成员的需求。在这个过程中，要从马斯洛需求层次理论着手，一层一层地去满足成员的需求。只有做好这一点，成员才会为社群贡献力量，进而为社群带来源源不断的价值。

4.3.3 价值提供：有趣、有料、有味道

现在，越来越多的人会加入不同类型的社群，彼此陌生的成员通过社群汇聚在一起。为什么？因为大家信任社群。社群本身具有一定的公信力，社群创业者本身有一定的人格魅力和知识储备，能够给成员带来不一样的价值。

当下的社群形态参差不齐，例如，以闲聊、发红包为主的社群，线下基本没有任何互动活动，加入这样的社群没有太大意义，不值得耗费精力。所以有很多伪社群，刚开始非常红火，后期却越来越冷清，最后无人发言，社群创业者也无能为力。

真正的社群是给成员提供"价值"的，它的体现方式有三种：有趣、有料、有味道。

这里的"有趣"偏向于社群的基调。与死板、严肃、教科书似的说教相比，大家还是更喜欢诙谐幽默的调侃，这也是社群的定位基调之一。基调有了，接下来就是为成员提供内容。好的社群能够为成员提供优质的内容，既能分享知识，又可以使成员有兴趣听下去、读进去。"味道"是指社群的文化深度，这也是区别优质社群和一般社群的重要标准。在有深度的社群中，成员能够透过表层看到深层次的东西，在受到启发后思考问题。

能够做到这三点才是真正有价值的社群，为成员提供有趣、有料、有味道的优质内容是社群存在的本质意义。社群创业者需要以此为切入点，输出优质内容，吸引那些潜在用户加入社群，这也是社群定位的理念之一。

罗振宇在《罗辑思维》一书中将其口号定为"有种、有趣、有料"，旨在做大家"身边的读书人"，以"爱智求真"的价值观引导当下的年轻人。事实上，罗辑思维也获得了不错的商业收益。从罗辑思维的成功可以看出，社群运营能否成功，关键的一点就是社群能否给用户提供价值。因此，同时具备"有

趣、有料、有味道"三项特征的社群才是用户真正想加入的社群。

4.3.4 活动形式：线上融合线下

众所周知，社群经济正在重塑或发展新的经济形态和秩序，以社群经济为代表的新兴经济时代即将来临。

Group+是中国领先的社群营销解决方案提供商，该公司公布的中国社群排行榜结果显示，上榜的30个社群都是目前国内比较成熟的社群。其中，按照属性可以将社群分为9类，分别是知识社群、创业社群、商业社群、亲子社群、校友社群、空间社群、旅游社群、职场社群和戏剧社群。

以职场社群为例，广东省营养师协会榜上有名。广东省营养师协会是行业内的非营利性协会，以协助营养师和营养企业的发展为宗旨。在活动方面，该协会运用Group+的免费短信在会前群发通知，确保成员到场率。

这个简单的细节说明了在信息爆炸的时代，人们对提醒类信息的需求有所上升。也许今天晚上有件事情要办，但没有人提醒就容易忘记。虽然智能手机有记事本功能，但一条短信提醒却更加直接、清晰。这点可以启示社群运营者，在开展社群活动时为成员发送通知，可以充分保证参与率，这也是社群活动能够成功的先决条件。

社群活动可以分为两类：线上和线下。如何把握好社群活动的比例和侧重点，取得良好的营销效果，是社群运营者最应该关注的问题。下面将详细解读线上活动和线下活动。

1. 线上活动

社群的线上活动以内容分享为主，因为线上分享成本低、快捷、高效、便于传播，是社群输出价值和与成员互动的主要途径。线上活动根据主题分为不同的类型。比如，运营者可以将主题定为"大咖分享"，定期邀请知名人士或公众意见领袖分享自己的知识经验，并在特定时段允许大家补充自己的看法。

分享的内容最好是分享者擅长的领域；有独到的见解，能够启发思考。总之，分享的内容质量要上乘。社群要从整体格局考虑知识的专业程度，过于专业可能会使一部分成员失去学习的兴趣，但水平一般、没有太大价值会影响社群整体战略的发展。

2. 线下活动

不同于线上活动，线下活动以互动交流为主，可以增强成员的参与感。社群的类型不同，线下活动的组织方式和内容也会有差异，在此简单列举一般线下活动的要点。

线下活动要给予成员一种归属感和参与感，让他们认为自己是社群的一分子，能够为社群做出真正的贡献，同时，也可以获得自身的价值认同。比如，同城聚会、户外攀爬友谊赛等，将线上的陌生关系转移到线下，进一步加强成员之间的连接。

社群运营者需要打造线上活动和线下活动的闭环，而不是分离线上活动和线下活动。开展社群活动的根本目的是打通线上和线下，全方位激发成员的热情，巩固向心力，形成更加一致的认同感，进而增强参与感和归属感。

4.3.5 "三个爸爸"是如何定位社群的

"三个爸爸"是专注儿童健康的空气净化品牌，创始人是戴赛鹰、陈海滨和宋亚南。三个爸爸儿童净化器在京东众筹创下国内首个千万级众筹纪录，可以说尚未问世就已经赚足了大家的注意力。其实众筹就是预售，告诉消费者自己要做一个产品，现在处于众筹阶段，能不能问世还要看众筹的结果。戴赛鹰也表示，众筹本身就是"惊险"一跃。

最终，"三个爸爸"在30天内创千万级别的众筹纪录，并在预定期限内完成量产。在运营初期，就已经积累了5000多名用户，其中很大一部分已经转化为忠实粉丝。后来，"三个爸爸"在市场的良好表现也显示了社群经济的强大后劲。

总体来说，"三个爸爸"能够成功，是因为其在社群定位方面的准确把握，主要涉及以下四个方面。

1. 环境背景

空气污染使民众对空气净化器的需求日益增加，但是市场上儿童专用的空气净化器并不多。起初，戴赛鹰只是想给自己的孩子买台空气净化器，但是总找不到满意的。空气污染加上没有满意的产品，成为"三个爸爸"诞生的直接原因。

2. 用户调研

有了背景环境，"三个爸爸"的用户调研就成为重点问题，空气净化器给什么样的人使用？消费者有什么痛点？技术方面有哪些瓶颈？担任过婷美集团营销总监、心理学硕士出身的戴赛鹰认为，要将参与感融入用户调研中。

于是，四位合伙人（后来有人退出成为三个创始人）通过微信群等方式调查用户对空气净化器的痛点，整理出用户需求的第一手资料。这样做的优点在于让用户对产品产生天然的信任感，加强用户对产品的体验。

3. 工匠精神

在当今物质极为丰富的时代，消费者不缺乏选择，缺乏的是有理由的选择。所以，能够打动用户的产品必须融入工匠精神，再加上"三个爸爸""用偏执狂的精神为孩子做最好的产品"这一独特理念，使更多用户愿意买单。

"三个爸爸"旗下的空气净化器配备了空气质量检测设备，引入pm2.5检测平台，可以直接显示数值，判断净化效果。另外，用户还能用手机APP实时观察室内空气变化，从各个细节保证空气的安全、干净。

4. 故事情怀

"三个爸爸"在社群定位中特别加入了故事情怀，戴赛鹰团队也特别擅长在社群里和用户打感情牌。情感是附加在产品之上且高出产品本身的价值观念，也是用户愿意买单的重要心理元素。

"三个爸爸"是初创型企业的典范，用一款极致的产品加上一个打动人心的商业故事，使社群获得了成功。戴赛鹰说："我觉得玩社群营销，首先不是营销，而是人与人之间的关系。"情感正是连接人与人关系的天然纽带。

社群最终靠的是人与人之间的互动，强关联才能打造成功的社群，"三个爸爸"正是准确把握了这一点，精准定位，打动用户，从而获得了用户的支持和信赖。

第5章

吸粉：
社群营销当中的关键点

企业社群规模的衡量标准是社群成员的数量。为了打造一个成功的企业社群，实现企业社群的目标，吸引流量是社群运营者需要考虑的又一问题。那么，吸引流量是否有方法可循，有没有捷径可走呢？答案是肯定的。本章将为企业社群操盘手讲述吸取流量的方法。

第5章 吸粉：社群营销当中的关键点

5.1 重视第一批粉丝的获取

社群的核心是人，如果没有人，社群的定位再好也毫无意义。在初期，社群运营者要重视第一批粉丝的获取，还要学会借助外部的资源，为社群引入流量，实现自动与被动的双向涨粉效果。首先，利用名人效应，吸引成员加入；其次，借助外部平台，包括腾讯系的微信公众号和QQ、百度系的文库和贴吧，还有论坛等。

5.1.1 自带光环：自带流量

吸引流量的第一个方法就是培养"自带光环"的群主。所谓"自带光环"，是指有一些人在某一领域做出过突出贡献，或是具有独特的人格魅力，久而久之，这些人身边就聚集了一批追随者。如果这些人搭建企业社群，他们已有的粉丝会转化为企业社群的成员。这样，企业社群就能很轻松地聚集第一批粉丝。所以，自带光环的群主是吸引流量的渠道之一。

雷军作为小米的CEO，被评为史上最挺自己产品的CEO。打开雷军的微博，几乎全是与产品有关的消息。雷军不仅会在微博中晒小米的新产品，还会对粉丝提出的一些问题进行解答。截至2019年10月，雷军的微博粉丝数已经超过2180万，在如此庞大的粉丝群体中做宣传，效果显然更加突出。

对于小米的成功，业界的评价是："小米成功的精髓在于粉丝文化。"作为互联网领域的企业，小米充分利用互联网的优势，开设官方论坛——小米社区便是很好的证明，这个虚拟社区将企业与用户很好地联系起来。如今，小米社区的粉丝数已破千万大关，其中有很大一部分就是雷军的粉丝。

吸引到流量后，还要注意维护这些流量。在原有的粉丝成为社群的成员后，社群运营者要站在成员的角度考虑问题，对成员进行准确定位，从成员的实际需求出发，将成员留在社群内。

刘东华之所以敢将正和岛的目标定为"中国商界第一高端人脉与价值分享平台"，是因为他在中国企业家杂志社工作了20年，积攒了一定的人脉。正和岛搭建起来后，刘东华先充分利用这些人脉，再通过这些人脉去吸引更多的人脉。

事实证明，刘华东的想法是正确的。正和岛搭建起来后，迅速吸引了一批商界大佬的加入，他们的加入极大地提高了正和岛的声望，也使刘东华预设的目标得以实现。

其实，不仅仅是社群吸粉需要借助群主自带的光环，很多产品请当红一线明星代言，也是在借助他们身上所携带的光环。

美宝莲的发布会在上海举行，当红女星杨颖作为形象代言人出席，这场发布会同时以直播的方式向用户进行宣传，直播2小时就卖出了10000支口红，销售额达140多万元。美宝莲之所以在短时间内就取得了如此惊人的成绩，是因为形象代言人杨颖吸引了一批粉丝。

同样的道理，"自带光环"的群主也能轻易吸引到一批成员，但必须注意，群主所带的"光环"应该属于正能量范畴，要带给成员积极的影响，而不是消极的。对于不"自带光环"的群主，又该如何吸引流量呢？

最简单、最直接的办法就是让群主带上"光环"。知名度都是打造出来的，雷军、刘东华也不例外。想要轻松吸粉，前期的历练必不可少。雷军用了20多年的时间历练自己，刘东华的成功也是建立在20年的经验积累上。吸引流量不是一蹴而就的事情，社群运营者需要不断地借鉴、学习、沉淀、积累。

5.1.2 六度人脉：让用户邀请他的朋友

吸引流量的第二个渠道是借助六度人脉理论。处于社会群体中的人，通过六层以内的熟人关系，可以认识一位新朋友，这便是六度人脉关系理论。这个理论最早由匈牙利作家提出，后来得到美国社会学家的验证。

那么，究竟如何在企业社群中应用这个理论呢？具体的做法是利用已有成员的人际圈，让更多的陌生人加入社群，换句话说，就是让成员邀请他的朋友。借助已有的人际关系，为社群吸引流量，扩大社群规模，是一件低成本、高收益的事情。

营销界有这样一个说法：最好的营销策略是口碑营销。借助朋友之口宣传社群，就是一种口碑营销，由此带来的效果往往出人意料。朋友邀请他的朋友，他的朋友再邀请他的朋友……如此持续下去，一个规模惊人的企业社群便得以建立。

来自德国的知名巧克力品牌Milka曾经做过这样一个营销活动：《最后一块巧克力，只留给你最在意的人》。一大块Milka巧克力通常会分为20小块，这样的设计便于食用者掰开食用。但是，此次营销活动中的巧克力却只有19小块，这不是生产上的失误，而是为了配合"把最后一块巧克力留给最在意的人"的宣传语。

Milka巧克力的包装袋上也注明了"留了一块巧克力，帮助你实现诺言"。购买这种巧克力的消费者，在拆开包装袋后，会看到一个代码。消费者进入Milka的官方网站，输入这个代码，并留下自己所在意的人的名字和住址，Milka就会将消费者购买的巧克力所缺失的那一块寄给指定的人。

通常，当指定的人收到这份惊喜时，会想方设法向对方表达自己的感激之情，常见的做法可能就是拍照，然后配上文字上传到社交媒体。借助消费者的人际圈，Milka完美地完成了一次宣传活动，提升了自己的知名度。这个精彩的方式是对人脉关系的一次完美利用，一直被营销者津津乐道。

专门从事社交关系研究的专家称，人脉将会成为影响营销的重要因素。换句话说，谁的人脉更广，谁就会在未来的营销中占据有利地位。另外，人脉也会深刻地影响到流量，即谁的人脉更广，谁就有可能为社群吸引到更多的流量，扩大社群的规模。

众所周知，以微信为依托的微商就是依靠流量存活的最好例子。微商在引流过程中，运用最多的方法就是让微信朋友把自己推荐给其他人。为了吸引更多的人，微商还会承诺只要推荐成功，便赠送一些小礼物。这种物质鼓励加六度人脉理论的引流方法，被进军微商界的个体和组织普遍采用。

5.1.3 名人推介：借用大咖背书

名人的影响力不可小觑。因此，借助名人，让名人推荐介绍社群也是一个不错的引流途径。名人本身就"自带光环"，如果能让名人来宣传社群，就可以吸引更多的关注，实现引流的目的。

当红女星刘涛曾在映客开直播，直播开始后不到5分钟，映客的系统一度面临崩溃。相关数据显示，当天，刘涛的直播间聚集了超过17万的在线用户，整场直播的总观看人数更是达到了71万。就这样，刘涛毫无悬念地登上了映客直播热搜榜的榜首，热情的用户和粉丝不停地给刘涛送礼物。此次直播，刘涛的最终收益高达人民币60万元。

通过刘涛的直播成绩，可以明显看出名人的光环效应。刘涛开直播一方面是顺应了直播热潮，另一方面是为了宣传她的新剧《欢乐颂》。数据表明，刘涛直播结束后，《欢乐颂》的收视率也节节攀升。毫无疑问，刘涛的粉丝肯定是这部剧的忠实观众，她的直播也为这部剧吸引了一批新的观众。所以，名人推介型的引流方式值得社群运营者考虑。

为什么借助名人光环能取得不错的引流效果呢？一方面，名人本身拥有一批忠实粉丝，一旦名人推荐一款产品，首先会得到这些粉丝的响应。粉丝为了表达自己对偶像的崇拜之情，会购买且使用名人推荐的产品。在粉丝看来，这就是他们能对偶像做出的支持行动。另一方面，明星代言也能明确产品定位。例如，SUV汽车往往邀请硬朗的男明星代言，而洗衣液广告则常由温柔的女明星出镜。

杨澜作为精英女性的代表，已经得到了众多的肯定。得力办公用品请杨澜为自己代言，因为杨澜的精英女性形象，与办公用品十分契合。杨澜说："有了得力，办公才能更得力。"广告播出后，很多杨澜的粉丝在购买办公用品时，首先会想到得力。

对于社群引流来说也是同样的道理。当社群得到名人的推荐后，粉丝看到自己的偶像都加入了这个社群，说明这个社群有独特的魅力，于是，粉丝们也纷纷加入。还有一种情况，推荐社群的是业内权威人士，这些人的言论会因为他们的身份而带有权威性，因此，也能吸引流量加入。

5.1.4 借势热点：关注时势热点

吸引流量其实就是为社群吸引成员。要想吸引到成员，首先要确保社群有能引起关注或产生共鸣的东西。当社群吸引到成员后，只有通过价值的渗透，才可以让这些成员自愿留下来。那么，什么东西能吸引人？答案是社会热点。所以，为社群引流的第三个途径是借势热点。

世界杯作为体育界的一大盛事，牵动着无数球迷的心。在世界杯举行之际，能将自己的产品与之形成联系，无疑能制造出一个营销热点，现在也确实有很多产品生产者在这条路上孜孜不倦地努力着。阿迪达斯、耐克等知名体育用品品牌牢牢抓住机会，极力将自己与世界杯联系在一起，例如，赞助世界杯，请知名球星作为产品代言人等。

借助热点可以成功吸引用户的关注，引起用户的共鸣，企业社群引流也是如此。在使用热点的过程中，要注意几个问题。

1. 选用积极的热点，避免消极消息

积极的消息总能给人们带来鼓励，使人们的心情更加舒畅、愉悦；消极的消息会让人心烦意乱，甚至萎靡不振。显然，人们更愿意关注积极的消息，所以要想达到引流的目的，社群运营者还需要对热点事件的性质进行甄别，这既是对自己负责，也是对用户负责。

比如，一个提供财经类消息的社群，使用吴晓波频道的案例进行宣传。吴晓波频道是财经类社群的典范，所以，将其作为案例是极具说服力的。而且吴晓波频道这个社群中的成员所取得的成就，正是持观望态度的人所看重的。这样一来，就能给潜在成员一个积极的暗示和鼓励。

2. 热点与宣传内容的匹配度高

社群运营者时刻要牢记，借势热点的目的在于为社群引流。所以，在选用热点的时候，要注意热点与社群以及宣传内容的匹配度。如果选用的热点与社群之间的关联性十分强，别人看了热点后，就能想到你的社群，那么这个热点可以说用得十分到位，是值得肯定的。

使用热点不是目的，为社群吸引流量才是我们最终的目标。从这个目标出发，以此作为行动指导，就不至于偏离正确的行动轨道，做无用功。热点事件每天都在更新，但与宣传目标匹配度高的热点事件不一定很多，这就要求社群运营者仔细搜索、筛选。

3. 将热点组合起来使用

有时候，一个热点的说服力不够强，所以，社群运营者可以找出多个同类型的热点，将之组合起来使用，这样既能增强宣传内容的表现力，又能提升宣传内容的说服力。

选取多个热点事件时，社群运营者需要注意：缺乏共性的热点犹如一盘散沙，将它们放在一起毫无意义，有共同之处的热点才能起到增强说服力的作用。另外，按照一定的逻辑顺序对热点进行排列，既能增强宣传内容的思辨性，也体现了社群运营者的缜密思维。

热点本身就是人们关注的焦点，自带流量。借助热点引流，其实就是在吸引热点本身的流量。社群运营者如果能很好地使用这一方法，就可以更有效地吸引到流量。

5.1.5 广种薄收：多渠道、多角度发布信息

虽然为社群引流的方式有很多，发布引流消息的渠道也有很多，但是没有哪个是最佳的。因此，为了吸引到更多的流量，社群运营者应该尽可能选择多种渠道发布引流信息。总体来说，发布引流信息的渠道可以分为两类，即线上渠道和线下渠道。线上渠道主要是指利用一些网络平台、社交平台来发布引流信息。

1. 微信公众号

微信公众号已经成为各大企业树立形象、宣传产品的主要途径之一，微信公众号的关注度和影响力也在与日俱增，将其作为社群引流的途径之一，是十分具有潜力的。利用微信公众号引流，通常有两种方法：一是靠输出优质的内容吸引人；二是与其他同类型的微信公众号互换资源。

小小包麻麻无疑是凭借优质内容成功圈粉的典型案例。小小包麻麻作为一个专注提供母婴知识的微信公众号，每篇文章的阅读量平均在25万，这样的成绩在微信公众号中非常少见，但也正是因为这些极具吸引力的文章，才让小小包麻麻收获了2200万个粉丝。

有了数量庞大的粉丝基础后，小小包麻麻做起社群电商就更加如鱼得水。相关数据显示，2018年，小小包麻麻的总流水达到5.5亿元，复购率超过80%，平均月收入为1.2亿元。这些数据在深层次上反映了用户对小小包麻麻的信任，而这份信任是靠优质内容赢得的。所以，社群运营者如果能像小小包麻麻一样，保证提供的文章都是以质量取胜，在引流方面也就可以更有优势。

如果仅凭自己的力量难以吸引到流量，不妨换一个角度考虑问题，即微信公众号之间进行资源互换。这是自媒体专家龚文祥极力推荐的一种引流方式，因为同行之间的流量偏好性相似，而且互换是一种双赢的合作。

2. 百度

百度旗下有着众多的产品，如百度贴吧、百度知道、百度文库、百度推广等，每一款产品都有着广泛的用户基础。其中，百度贴吧引流的优势更加突出，但是在百度贴吧上引流需要注意以下几点。

（1）百度贴吧的帖子是根据不同的类别分别设置的，这就使得不同贴吧中用户群体的兴趣爱好存在差异。为了吸引到精准的流量，我们需要选取与社群主题相关的贴吧。

（2）充分利用贴吧中已有的功能，让引流的帖子更具吸引力。

（3）即使是借助百度贴吧引流，也需要注意帖子的策划和撰写。广告痕迹过于明显、过于急功近利的帖子都是不可取的，这样的帖子难以达到引流的目的。

3. 腾讯

腾讯凭借QQ和微信两款产品，已经在社交界树立了绝对的权威，拥有基数非常庞大的用户，这也为社群运营者在腾讯上引流提供了可能。QQ引流一是利用QQ空间，二是利用QQ群；而微信则是利用微信群以及微信公众平台。

QQ空间引流的常见做法是分享优质的文章，有价值的内容很容易吸引用户的关注。对于社群运营者来说，在QQ空间分享文章的目的在于为社群引流。所以，分享的文章应该与社群相关，要把社群的亮点凸显出来，这样才能引起别人的注意。其他如QQ群、微信群、微信公众平台的引流，均应如此。

4. 淘宝

如今，虽然各种电商平台层出不穷，但淘宝在电商界的地位依然不可撼动。淘宝上聚集的庞大用户同样可以作为一种引流的途径。

淘宝上的产品分类销售，不同的产品以及店铺中都对应着非常精准的流量。对于一个销售社群相关书籍的店铺来说，搜索、浏览这个店铺的用户肯定对社群运营有着极大兴趣，这些用户就是社群运营者寻找的精准流量。

5. 宣传海报

宣传海报能够为用户传达准确的宣传信息，发挥空间相当大，例如，设计者可以运用文字、图片等多种形式展现内容。这样不仅可以增强宣传信息的吸引力，而且成本较低，能够减轻经费压力。但其缺点在于，流动性不强，传播的范围十分有限。

除了线上渠道以外，线下渠道的作用也不可忽视。线下渠道主要是指发放宣传单、张贴宣传海报、举办宣传活动等。线上渠道与线下渠道各有其优劣势，而作为社群运营者，我们要尽可能看到各种渠道的优势，并对这些优势加以有效利用。

总而言之，将引流信息通过尽可能多的渠道发布出去，一方面扩大受影响人群，另一方面能对用户形成一个二次强调的效果，这两个方面对引流工作都是十分有利的。

5.2 关注忠实粉丝的留存

现在有不少社群创业者都把重心放在拉新上，其实这样的做法是不正确的。与拉新相比，留存更加重要，也更有价值。为什么这么说呢？

5.2.1 留存比拉新更加关键

首先，留存是判断一个社群是否可以长远发展的标准。如果留存最小的话，就意味着大部分成员在加入社群之后，没能从社群里获得自己想要的价值。在社群构建的初级阶段，运营者应该多关注成员的留存问题，而不是总想着如何去增加新粉丝。

其次，留存的成本远低于拉新。在流量成本大幅度增加的社群行业，留存是一个经济且高效的发展方向。如果把时间和精力放在拉新上，却忽略对忠实的老粉丝进行维护，就相当于"捡了芝麻，丢了西瓜"。

最后，留存是影响竞争力的关键因素。现在，各个行业的同质化程度都在不断提高。在这种情况下，如果想要提高竞争力，就要从运营效率入手。在相同投入的基础上，谁有更多的运营产出，谁就可以占据先机。

5.2.2 积极为忠实粉丝创造3感

社群是基于共同"价值点"而建立起来的一个利益共同体。社群创业者要为成员营造良好的氛围，应该格外注重创造"三感"：参与感、优越感、归属感。

1. 成就感

用户在社群中感受到自己的价值，并且能够明确自己的使命，感受到自己对于社群来说是非常重要的。这种成就感的获得，是让用户愿意在社群长久待下去的基础。

2. 优越感

成员的身份认证、为成员设计专属活动和等级奖励，均属于量身定制。这样的做法可以让成员感受到自己在社群里是不可缺少的，从而使他们获得强烈的优越感。

3. 归属感

在社群中，成员除了可以了解信息，还可以加入平台的建设、推广中，他们必须要一起做一些事情,才能加深彼此的感情。有共同的目标和持续的活动,社群才有活力,也才可以持续。

5.2.3 建立完善且立体的成长体系

任何一个社群都有自己的生命周期,这是无法避免的。通常情况下,如果一个社群得不到有效管理的话,用不了多长时间就会沦为广告群或灌水群。因此,社群运营者必须建立一个可以不断吸收新鲜血液、沉淀优质内容的成员成长体系。一般来讲,一个完整的成员成长体系需要涉及9大要素,如图5-1所示。

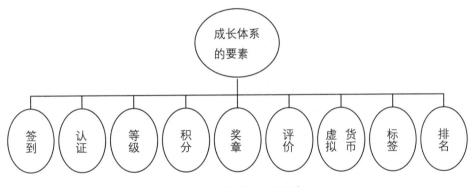

图5-1 成长体系9大要素

上图中的9大要素各有各的用处:签到和认证可以增加成员黏性;等级使成员拥有相应的权利和要求;积分是评判等级的一个量化标准;奖章和评价是一种激励方法,也是评判成员参与度的标准;虚拟货币可以实现资源交换;标签可以简化成长体系;排名可以展现成员在社群中的位置。

在建立成长体系之前,必须要了解上述9大要素及其作用,然后再着手进行成长体系的搭建,具体有以下五个步骤。

1. 选好奖励

奖励会随着实际情况不断变化,奖励太大会使社群的运营成本增加,甚至会出现成员盲目追逐奖励的情况；如果奖励太少，就起不到激励的效果。

奖励的变化也会引起成长体系内部的变化。如果成长体系总在变化，就会降低成员的积极性和黏性。所以，社群运营者必须设定一个合适的奖励，并且不可以频繁改动。

2. 建立一个多纬度的等级评分制度

成长体系的评判维度不应当是单一的，需要多元化。大家要注意两点，一是量化计算要有模型，也就是说在计算成长体系积分和成长值的时候，必须要有一定的量化模型，只有这样才可以更加准确；二是让成员对自己的成长路线有预期，摆正自己在社群中的位置，每位成员都要设定一个目标，朝着这个目标不断努力，从而为社群带来更大的价值。

3. 培养老成员的责任感和归属感

前面已经说过，留存比拉新更重要，因此，要把重心放在培养老成员上，培养他们的归属感，增强他们的黏性。要让这些老成员知道社群的具体用途，知道自己的角色和地位以及自己在社群里可以获得什么。

4. 保证规范度、参与度和传播度

一个好的成长体系必须要有规范度。也就是说，任何成员都不可以违反社群规定。无论成员的等级或者贡献度有多高，只要违反规定，就必须严肃处理。必要时可以设立监督体系，保证惩罚到位。

参与度是保证社群活动的根本，要是没有了成员的参与，这个社群也就没有了存在的意义。社群运营者可以设定两个制度，一个是激励制度，另外一个是下线制度。例如，经常参与社群活动的成员会有奖励，而那些长期不发言的成员将会被移出社群。

5. 激励要感知，体系才持续

成员升级或者获取奖励时可以在社群内公开，以吸引更多成员参与活动，

最好再创设一个有特色的或者新颖的方式。另外，成长值的提升不能设置过于简单，如果点个赞就升一级的话，那成员根本就不会产生兴趣。

可持续是指在设计时要考虑体系的可拓展性，如果等级比较少的话，就要设置成长值回收机制。此外，在测算体系的时候，要考虑是否给成员留下了足够的成长空间，不能在组织了几个活动以后，就让全体成员满级。最后还要考虑成员等级的及时调整，避免出现等级长时间不变或降级后迟迟不恢复使成员不满的情况。

5.3　高效、实用的6大吸粉渠道

随着互联网的不断发展，"吸粉"渠道变得越来越多，现在主要有微博、微信公众号、知乎、百度贴吧、短视频平台、购物平台等。在为社群吸引"粉丝"的时候，一定要将这些渠道充分利用起来。

5.3.1　微博：@名人，巧用转发抽奖

发布微博@名人、大V的方法如下。

（1）关注名人、大V。登录微博首页，找到自己要关注的微博名人、大V进行关注。

（2）及时关注名人、大V的微博动态。关注名人、大V的微博后，要及时与他们互动，对于他们发布的微博要及时评论、点赞和转发。

（3）选择乐意交流、分享的名人、大V。要选择一些互动情况较好、乐于交流和分享的名人、大V，放弃那些沟通很久都没有收到回复的。

（4）在转发微博中加入自己的观点。在转发名人、大V的微博时要及时@对方，并在转发中加入个人观点，这样对方才知道你在与他互动，并且从观点中了解到你的想法。微博发布后，不仅名人、大V会看到，他们的粉丝也有

可能会注意到。

（5）把自己的微博推荐给名人、大V。一般情况下，名人、大V的微博账号的级别越高，推荐性就越高，比如微博认证的明星的推荐性就比普通用户高出很多。如果把自己发布的微博推荐给某位名人，就会受到用户们的点击关注，微博的浏览量也会大幅度上涨。

此外，抽奖活动也可以积累大量粉丝，具体技巧如下。

（1）规则简单明了。如果企业在做抽奖活动时规则很多，让用户感觉很麻烦，容易使用户产生放弃的念头。

（2）文案完整。文案表述的内容不需要太多，但是一定要详细、周全。

（3）奖品与品牌相匹配。抽奖活动送出的礼品要与品牌相关，这样既可以达到宣传的效果，又可以加深用户对企业的印象。有些企业把抽奖活动的礼品设置得很贵重，但与自己的产品不太相关。虽然用户多了不少，活动也得到了一定范围的传播，但是如果送出的礼品和品牌没有丝毫关系时，用户只会记住礼品而忘记品牌。

（4）抽奖活动准时。抽奖活动要准时开始、准时结束，给用户留下一个信守承诺的形象。有很多企业做抽奖活动时，通知用户还有三个小时就结束，结果到第二天才正式结束，这会让用户有一种自己受到了欺骗的感觉。

（5）在抽奖活动中自然地植入广告。优质的广告多以创意取胜，讲究平实、自然。

（6）巧妙选择方法。抽奖的方法有很多，建议采用系统随机的方法，这种方法也被用户普遍认可。

5.3.2 微信公众号：投稿+互推+联盟

如果自己的微信公众号上有很好、很新颖的原创内容，就要把它扩散出去，吸引更多的关注，增加自己的粉丝量。除了做好自己的微信公众号之外，还要多在合作上下功夫。

第5章 吸粉：社群营销当中的关键点

1. 利用自媒体平台进行大量投放

这种好处在于不需要花费任何的资金就能让自己的文章得到更多人的关注。根据文章的内容，选择与之相符的自媒体平台进行投放。如果文章写的是育儿方面的知识，却投放在创业平台上，注定得不到用户的点击。为了让更多人点击自己的微信公众号，达到引流的目的，可以在文章中插入微信公众号的ID、二维码以及作者名字等。注意：一定要在自媒体平台允许的情况下进行。

这里推荐一些适合营销、运营类文章投稿的自媒体平台：搜狐公众平台、今日头条、知乎、百度百家、简书、数英网、派代网、梅花网、A5站长网等。

2. 寻找微信公众号进行互推

以前，互推是微博用来吸引粉丝的方式，现在用在了微信公众号上，效果更加显著。如果微信公众号的粉丝已经积累到了上千甚至上万，那就可以找人互推，吸引粉丝。大部分微信公众号采用文章末尾互推的方式，这种方式操作简单，效果也好，而且掉粉影响小。

粉丝读完文章后，会顺便看一眼文章推荐，在末尾相互推荐微信公众号，告诉粉丝要想关注更多精彩内容长按复制就可以，这样做比图文并茂更加简单，找几个长期的合作人就可以解决问题，也不会大面积掉粉。不过互推的个数最好适度，一般五六个就可以，多了反而会没有效果。

此外，还有链接互推。所谓链接互推就是在编辑文章时加上互推对象的链接，不过链接只能写一个。如果大家采用组团互推的方式，就需要每个人共同推一个链接，然后在这个链接上添加微信公众号。要在文章的末尾设置一个阅读原文提醒，当粉丝阅读完全文后，看到并点击这个提醒时，就会看到推荐的微信公众号。这种组团互推的方式操作简单、规模大，虽然效果一般，但是掉粉影响小，是目前最流行的方式之一。

3. 建立微信公众号运营联盟互推

加入联盟：行业性联盟和综合性联盟是目前国内的两个微信联盟。行业性联盟有地产自媒联盟、亲子生活自媒体联盟、犀牛财经联盟、汽车行业自媒体联盟等；综合性联盟有速途网自媒体联盟、牛微联盟、微媒体联盟等。这些联盟都比较大，想要免费加入就必须有一定的粉丝量和影响力，如果粉丝比较少就需要付费加入，或者先选择一些中小型联盟，等时机成熟后再加入大型联盟。

自建联盟：自建联盟与加入联盟相比，可控性强，后期爆发力大。很多人都比较崇尚自建联盟，目前国内出现了大量的自建联盟，如移动互联网、91运营网等。可以和周边的微信公众号运营者达成合作，自建联盟，达到互利共赢的目的；也可以围绕移动互联网、电商等相关微信公众号自建联盟。自建联盟刚开始可能发展得比较慢，等到成熟稳定以后，流量引爆速度会大幅度上升。

最后总结一下，初期，大家要尝试寻找各种渠道来推广自己的微信公众号，比如大的社交网站、各种自媒体平台、组团互推、加入联盟或者自创联盟等，渠道每天会积累大量的粉丝，如果粉丝量足够多，后期再涨粉就不是难事。

5.3.3 知乎：在提问上下足功夫

知乎是一个真实的网络问答社区，汇聚着各行各业的精英，具有理性、友好的氛围。用户通过知乎分享自己的专业知识、经验和见解，为知乎源源不断地提供高质量的信息。

近年来，很多推广人士也发现了这块宝地，纷纷前来抢占一席之地。通过知乎进行引导性提问，使用户参与到自己设计好的话题中，给自己的网站带来一定的流量，从而为推广之路开辟一条捷径。

那么问题来了，有人在知乎上提出了很多问题，却很少得到用户的参与，似乎起不到什么推广效果。在知乎上推广起不到明显效果的原因在哪里？如何提问才能让用户主动参与到话题中？

下面将介绍在知乎上进行引导性提问的技巧。

1. 引导问题要直接

引导提问是将提问变成封闭式的提问，大家在设计问题时，要直接引导用户做出肯定的回复，让用户更容易回答"是"，而非"否"。比如，保护海洋动物的志愿者为了让人们更加爱护海洋动物，捐出自己的一份爱心，就需要在知乎上提出这样直接型引导问题，引导用户参与进来："蓝鲸是人类的朋友，大家需要用自己的爱心保护鲸类，你赞同吗？"看到这样的问题后，大多数用户都会回答赞同，在得到用户的肯定性回复后，就可以进一步设计问题，让用户捐钱等。

2. 采用附加型引导

先在知乎上提出一个陈述性语句，然后在陈述性语句后面添加一个反义疑问句，这种陈述性语句加反义疑问句构成的问题，就是附加型引导问题。比如，在知乎上给用户推荐一款免费试用的知名产品，然后提出一个问题："这款产品多么值得大家试用，难道有人认为不是吗？"这种情况下，用户一般都会去关注问题。

3. 问题要有关联型引导

关联型引导的提问方式有两种，一种是在问题前面加上个人的观念。当用户回复问题时，提问者的态度会给用户留下印象，如果提问者在表达意见时带上自己的情绪，会得到更好的效果。

还有一种是在问题中加入一些重要的信息，起到引导用户的作用。比如，给路人发放房地产传单时，向路人提问："你喜欢居住在北京还是上海，刚出的报纸上说北京很安全。"此问题并没有告诉用户上海不安全，但是听者往往会认为北京比上海安全。

4. 暗示型引导

暗示型引导的提问方式也有两种：一种是提问者提出问题让对方考虑到后果；另一种是在提出的问题上以发生过的事情作为暗示。比如，在选拔领导的拉票中，类似"如果你将票投给对手小李，你的好日子可要到头了"等说法，属于第一种暗示型引导的提问方式。"你把票投给对手小李，难道忘了他上次如何做的吗？"等说法，则属于第二种暗示型引导的提问方式。这两种说法给听者的感觉完全不同。

5.3.4 百度贴吧：引导分享，加强管理

1.根据百度指数，设置发帖话题

百度指数（index.baidu.com）是百度搜索里的一个工具，主要用于分析关键词热度，以媒体搜索量和检索量为基础对网站进行过滤和加权。一个网站在百度上被越多的人搜索，那么这个网站在百度指数上的热度越高。

利用百度指数分析关键词热度，哪个关键词热度高，就可以根据这样的关键词设置发帖话题，从而吸引到更多的关注和点击。

2. 不同的精华帖，发到不同的贴吧

在贴吧发帖子是为了提高自己网站的人气、增加自己帖子的热度。一个帖子能否被更多的人关注，除了使用各种小方法、小技巧提升吸引力以外，更重要的是这个帖子是不是精华帖。俗话说"酒香不怕巷子深"，一篇精华帖不需要任何外观的包装就能够吸引到大众的认可，并持续受到关注，被大量转载分享。

3. 选择超高人气贴吧，持续维护

根据人们喜欢凑热闹的普遍心理，人气越高的贴吧，里面的帖子越是火

热。贴吧的人气是决定帖子能否火起来、能否增加曝光度的首要因素。如果贴吧过于冷清，无论帖子写得有多精彩，放到再显眼的位置都没什么人看，无论如何都火热不起来。

4. 利用贴吧语音功能

之所以在这里提到贴吧语音功能，并不仅仅是因为在贴吧里发语音可以给自己提高人气、给网站带来流量、给广告带来曝光，更重要的是大家可以利用这项功能获得效益。现在的音频自媒体越来越火，自制电台模式已经成为一个趋势。大家可以通过贴吧来做自己的音频自制电台，以后还可以利用这个音频自制电台探索出更多的拓展路线。

5. 同一个话题编辑修改后，可发到多个贴吧

大家在浏览各大贴吧时，经常会发现一些帖子的点击量和关注度都非常高，而自己发布出去的帖子却无人问津。实际上，在贴吧发帖需要一定的技巧。那么，如何让自己在节约时间的同时又能把同一个帖子发到多个贴吧上？

（1）挑选合适的贴吧。

发帖是要讲究技巧的，在发帖之前，我们要慎重考虑帖子应该在哪些贴吧发布。因此，挑选出合适的贴吧最为重要，什么才是合适的贴吧呢？那就是人气适中的贴吧。贴吧的人气不能太高，人气高的贴吧帖子数量多，你的帖子非常容易被埋没，需要花费更多的时间去维护更新。当然，也不能选择太冷清的贴吧，在人气过低的贴吧中发帖，即使每天把帖子置顶，也很难得到非常多的关注。

（2）选择和帖子内容相关的贴吧。

选择的贴吧必须要和帖子的内容相符。不要认为帖子相同，能多发几个贴吧就多发几个。如果你不注重贴吧的版面，不关心贴吧的风格，那发得再多也无济于事。这种"广撒网"式的发帖方式转化率并不高，所发的帖子很有可能被吧主秒删,得不偿失。

(3)重新编辑修改标题发帖。

在多个贴吧里发布同一个帖子,这样做既节省时间又能取得理想的效果,何乐而不为?在现实中,很多人都试过这种方法,可最后得到的结果却大不相同。有些人采取这种方法次次成功,有些人则屡屡受挫,这是因为后者没有掌握正确有效的技巧。一定要记住,不能原封不动地把同一个帖子发到多个贴吧中,而是要把同一个帖子重新编辑,稍做改动后再发到多个贴吧中,这样才会有效果。

尽量找一些热点话题作为帖子的内容,这样既可以让更多的吧友参与讨论,又方便自己改动帖子。修改帖子,标题最为重要,每次修改帖子时,标题一定要重新编辑,而且要比之前更加吸引人,激发更多人的兴趣。

5.3.5 短视频平台:多评论,录视频

1. 设置引导性用户名备注

很多用短视频进行营销或者吸粉的人,都会为自己设置一个具有吸引力的备注。那么如何让自己的备注变得有吸引力,吸引用户的关注呢?下面给大家介绍几点技巧。

(1)趣味性。备注设置得有趣味是大众喜闻乐见的事情。趣味性的备注往往会给大家带来一定的幽默感,从而吸引大家的关注,获得良好的效果。

(2)实用性。大家要将自己的备注设置得有实用性,因为无论何时,实用性对于人们来说都是很有价值的。实用性的备注可以让用户知道关注会为自己带来哪些帮助、解决哪些问题。

(3)美感。备注有了美感,用户就会被吸引。用文字传递美感,会吸引志同道合的朋友关注自己。不过,采用有美感的备注,必须把握合适的度,不

能太过煽情，否则就会变成矫情，消磨用户的好感。

2. 聊天时插入引流词汇

在录制短视频时，把引流词汇巧妙地插入进去。大家可以采取设置短视频场景、每隔十分钟重复引流重点、在和观众的聊天中找准恰当时机导入引流话题等方法，这些方法会发挥很大的作用，只要大家用心设置，就一定会有所收获。

3. 说出你的微信号

说出自己的微信号是营销者必备的一项营销技能。大家在录制短视频时，通常要告知观众和想要购买产品的用户可以关注屏幕下方的微信号。如果不能流利地说出自己的微信号，或者在说微信号的过程中卡壳，就会让用户当作笑话一般略过。

某企业的营销人员听说很多人都在用短视频推销产品，效果十分显著，于是注册了一个短视频平台账号，开始录制自己的短视频。由于第一次尝试没有经验，再加上过于紧张，他忘记了说自己的微信号，导致没有多少人在微信上向他购买产品。失败并没有让他灰心，通过吸取教训，加上别人的帮助与指导，第二次进行短视频营销时，他顺利地为产品做了广告，吸引了不少关注。

4. 将需要推广的产品写在桌面上

在成功入驻短视频营销圈后，运营者应尽量为自己创设营销产品的场景，打造一个属于自己的短视频空间，空间里的所有摆设都是为录制短视频而准备，要精致、巧妙、温馨、浪漫、没有任何广告语。

每次录制短视频时，运营者可以有意无意地敲打一下桌面，这个小动作会吸引用户把目光落在手指敲打的桌面上，然后看到桌面上的精心布置，例如可爱的摆件、美丽的照片、要推广的新产品等。如果用户注意到要推广的新产品，就会询问一些与新产品相关的问题，考虑自己是否需要新产品。运营者通过这样的方式，可以在较短时间内达成宣传新产品的目标，并实现快速变现。

5. 联系方式设置在屏幕左下角

在短视频平台上做直播的时候，把自己的QQ号、微信号设置在屏幕的左下角，也是营销的策略之一。具体来说，利用软件把自己的联系方式植入到了屏幕的左下角，然后再给自己的联系方式设置引人注目的颜色和字体，从而成功吸引用户的眼球。

在观看直播的时候，用户都会首先注意到视频左下角的信息，想联系的就会主动加主播为好友。通过把联系方式植入到屏幕的左下角，主播的QQ好友不断增加，与此同时，他的微信好友也越来越多。

5.3.6 购物平台

京东、天猫、淘宝等主流购物平台也可以成为吸引粉丝的渠道。至于应该如何通过主流购物平台吸引粉丝，那得依靠这些平台的论坛和社区。想要产生更好的效果，还可以创作与社群产品相关的引流内容。在创作引流内容时，要注意以下几点。

1. 标题要足够吸引人

别人是否愿意看你的内容，判断的第一标准就是标题。所以标题一定要切合主题，抓住人心，这样可以取得很好的效果。

2. 多使用接地气的语言

接地气的语言可以拉近人与人之间的距离。大家一定要记住，不能创作那些偏理论的说教内容，一般情况下，这种内容很难提起人们的阅读兴趣，还会降低人们的阅读体验。

3. 图片和文字相结合

大家应该都听过这样一句话"有图有真相",对大多数人来说,有图片的内容会更有吸引力。因此,大家一定要发布图片与文字相结合的内容,这样更有利于展现场景的真实感。

4. 积极回复留言和评论

把别人变成粉丝的一个重要步骤就是和他们进行深入交流和沟通,主要目的是让自身形象更加真实、饱满,给他们留下"有血有肉"的深刻印象。达到这一目的主要做法就是,当别人留言和评论的时候,一定要第一时间回复。只有这样,引流内容才会更加诱人,别人才愿意加入社群,变成粉丝。

一般来说,通过主流购物平台吸引粉丝的方式比较适合产品型社群,另外,在使用这一方式的过程中,引流内容是非常重要的。

第6章

促活互动：
让社群具备持久生命力

企业社群要想具备持久的生命力，不能只做吸粉工作，还要重视粉丝活性的可持续。如果一个企业社群不能让粉丝保持活性的话，时间一长将会变成一个缺乏人气的"死群"，本章主要介绍保持社群活力的方法。

第6章 促活互动：让社群具备持久生命力

6.1 粉丝活性可持续

那些经验不足的社群运营者可能并不知道如何把上述工作做好。其实这是比较正常的现象，本节将针对这一问题详细介绍实现粉丝活性可持续的技巧和方法。

6.1.1 种子筛选

社群的成员并不是越多越好，具体的数量要根据社群的不同发展阶段而定。在发展的初期，成员的数量不能太多，否则会造成混乱，不好管理。因此，我们应该先把种子成员聚集在一起，等他们真正稳定以后，再一点点拓展、裂变。在这一方面，秋叶PPT就做得非常不错。

秋叶PPT创始人张志依靠互联网把喜欢PPT的小伙伴聚集在一起，目的是要打造一个"爱阅读、爱动手、爱学习"的社群。

通过一年的不懈努力，张志成功运营了一个名为"一页纸PPT"的大群，最火爆的时候一共有200多位成员。一段时间以后，张志发现这个群里虽然不缺少顶尖的PPT制作高手，但其中的绝大部分都只把群当做一个联系方式，想要说说话、聊聊天的时候，还要顾虑其他人的感受，因此大家并不能在群里畅所欲言。

之后的某一天，张志决定要把那些已经功成名就的高手从群里踢出，只留下和他志同道合的人。除此以外，张志还对成员数量进行了严格控制，坚决不能超过70人，只要超过了，那就进一个踢一个。

试验了一段时间后奇迹出现：这70位成员产生了微妙的化学反应，社群的氛围非常轻松、活跃。在这一过程中，每位成员都可以获得非常良好的体验，也可以找到与自己志趣相投的小伙伴。

通过对初期种子成员的筛选和数量控制，再加上各种活动、课程的助力，秋叶PPT在持续不断地裂变，规模也变得越来越大。就目前来讲，秋叶PPT已经拥有了多个成员超过2000位的群，在不久的将来，这个数量还会大幅度地增加。

通过秋叶PPT的案例，大家可以充分感受到种子成员的重要性，同时也应该知道，成员数量尤其是种子成员数量并不是越多越好，而是要保证在一个比较合适的范围内。以初期种子成员数量来讲，应该保持在70~90，最好不要超过100。

6.1.2 奖励机制

除了要想方设法吸引更多的粉丝以外，社群运营者还应该重视粉丝的可持续增长，而要想实现粉丝的可持续增长，一个有效的方法就是建立完备的加入奖励机制。所谓加入奖励机制就是给成员一定的奖励，促使他们把自己的朋友介绍到社群中来。

从心理需求的角度来看，任何人都会对一个自己不了解的社群持怀疑态度，而如果经过了周边朋友的确认，这种怀疑态度就会降到最低，进而形成心理上的安全感；从社交需求的角度来看，当朋友都加入了同一个社群时，大部分人都会通过加入这个社群来提高自己在朋友间的存在感和认同感。

通过上述两个角度，可以了解加入奖励机制的优势，那么，如何建立一个完备的加入奖励机制呢？可从以下几个方面着手。

1. 确立合理的加入目标

在制定加入奖励机制前，一定要确立合理的加入目标，这个加入目标必须与社群的实际情况相符,而且是成员可以做到的。否则,不仅达不到吸引新成员的目的,还会使原有成员心生不满。

例如,针对加人目标,一位社群创业者做了如下规定:成功推荐30位朋友进入社群的成员,可以获得×××的奖励。这里的30位朋友就是一个不合理的加人目标,因为这不是一般成员可以达到的。所以,在确立加人目标时,一定要注意合理性。通常情况下,如果社群的规模不是很大,以推荐3~5位朋友为加人目标比较合适。

2. 以自己的行为来激励成员

社群的领导者要有足够的热情,激励成员积极参与活动。领导者的态度和情绪可以对成员产生很大影响,如果领导者缺乏吸引更多成员的动力,那成员的动力就无从谈起。所以,领导者一定要向成员展示出高度的热情,不断激励他们为社群推荐新人。当然,如果领导者自己也不断向社群里推荐新人的话,那就会更有效果。

3. 对成员的努力结果做出反馈

通过马斯洛需求层次理论可以知道,只要人们的基本需求被满足,那社会认可的需求就会相应提高。实际上,有不少心理学家认为,为了得到认可,人们可以付出很多努力。由此来看,要想让成员为社群付出更多努力,就得及时认可他们的努力。因此,当成员为社群推荐新人以后,要给他们一定的奖励作为反馈。

这里所说的奖励分为物质奖励和精神奖励,其中,物质奖励又分为实物奖励(现金、礼物等)和虚拟奖励(滴滴打车的优惠券、淘宝店铺优惠券、饭店代金券等);精神奖励一般是提升身份等级、提高社群地位等。

4. 对介绍来的新人进行严格挑选

加人奖励机制其实就是邀请制,通常,社群管理者有绝对的邀请资格,他们可以根据实际情况和社群需求将一部分新人邀请到社群里。但是,在普通成员邀请新人时，社群管理者一定要严格把关，不能什么新人都收。由此来看，对于加人奖励机制，应该规定一个前提——每一位成员都要为自己介绍的新人负责。

这样，他们就会自行管理和警告自己的朋友，同时也会关注朋友的一举一动，例如，是否发了广告、是否有不当言论、是否发布不良信息等。可以说，上述前提在很大程度上避免了社群混乱，保证了社群的良好秩序。

要想让成员持续增长，只靠社群创业者个人的力量是远远不够的，应该将成员的力量充分利用起来，让他们为社群带来更多新人。为了达到这一目的，大家应该从上述几方面着手，制定出一个完善的加人奖励机制。

6.1.3 分组管理

随着社群的不断发展，社群的规模会越来越大。当规模扩大到一定程度时，就要对社群进行分组管理，否则将会对社群的稳定性和长远发展产生不利影响。不过，对于大部分社群新人来说，要做好这件事情并不简单，本小节将具体介绍如何进行社群的分组管理。通常，社群里应该有7种常见角色。

1. 创建者

创建者是社群的领导者。作为领导者，首先应该具有一定的人格魅力，这样才可以管理好自己的手下，并让他们信服。其次还应该有长远的眼光，这样才可以为社群规划一个光明的未来。

2. 管理者

在选择管理者时，应该优先考虑那些自我管理能力良好、可以以身作则、遵守社群规则的人。另外，管理者还要有责任心和耐心，这样才能顺利完成管理社群的任务。

3. 参与者

参与者应尽量多元化，同时还要考虑社群的活跃度。想要提高社群的活跃度，可以将社群中的"牛人""风云人物""萌妹子"设定为参与者，因为这些人可以激发其他成员的热情和积极性。

4. 开拓者

成员也是资源，只有充分利用这一资源，才可以将社群的潜力充分激发出来。因此，社群中必须有开拓者这一角色，他们可以深度挖掘社群的潜能，并通过各大平台对社群进行推广与传播。更重要的是，他们还可以去和其他社群谈合作。

5. 分化者

分化者具备以下特点：有较强的学习能力、对社群文化有非常深刻的理解。另外，在选择分化者时，一定要选择参与过社群构建的成员，这些成员熟悉所有的细节。另外，在进行社群的大规模复制时，分化者也是非常重要的超级种子，可以发挥很大的作用。

6. 合作者

合作者必须认同社群的文化和价值观，还要有比较匹配的资源。他们可以为社群带来其他的合作者，实现双方的资源互换，对社群发展有着非常深刻的影响。

7. 付费者

众所周知，要想运营和维护好一个社群，不能没有成本。无论是为社群带来金钱还是资源的人，都是付费者。这些人愿意为了社群的发展而付出，可以成为社群的经济来源，是一个必不可少的角色。

维护一个规模较大的社群，必须进行分组管理，要想做好这一点，可以按照上述几种角色将社群分成各种各样的组别，从而对社群进行有效管理。

6.2 日常运营规范化

一个企业社群要想得到长足发展,社群的日常维护与管理工作是必不可少的,提高社群的管理效率可从矩阵化运营、工业化操作两方面着手。

6.2.1 排班制:责任到人,有规可依

一个社群,尤其是一个品牌社群,成员数量往往非常多。在这种情况下,如果不对社群进行管理,最终的结果可想而知。为了让社群朝着良好的方向发展,有必要对其进行日常的管理,这是长期性的工作,仅仅依靠社群运营者一个人的力量显然无法顺利完成。因此,社群的管理可以采用排班制,具体应该从三个方面进行考虑。

首先,社群运营者和成员都无法全天关注社群。成员必定还有其他身份,如是上班族,他们中的大多数只是利用业余时间实现自己的爱好。即使是社群运营者,也同样需要处理其他问题,不能保证24小时管理社群。

其次,一个人的力量微乎其微,但一群人的力量不容小觑。社群管理并非一项简单的工作,它涉及内容的策划、成员积极性的调动以及线下活动的组织三方面。将工作细分开来,交给多人负责,社群管理的难度将大大降低,效率也会明显提升。

最后,将一些简单的工作分配给成员,让他们参与社群管理,能够充分调动他们的积极性,提高他们的归属感,从而让他们更加认可社群。

那么,排班制究竟如何操作?针对成员数量较多,且每个成员同时具有其他身份的情况,具体的分配方式可以是每个成员负责管理一天,一天开展三次管理工作,一次管理工作维持1小时左右。

对于社群运营者来说，如果排班制使用不当，不仅起不到应有的效果，而且会对社群的运营造成干扰，影响社群的发展。反之，工作分配得当，可以极大地调动用户的积极性，引导社群朝着良好的方向发展，推动社群电商目标的实现。

众所周知，一个社群不可能一天24小时都处于极度活跃的状态，也不会一天24小时都处于休眠状态。一般情况下，上午10点左右、中午12点到2点、晚上7点到11点这三个时间段社群的活跃度最高，同时也最混乱、最需要管理的时段。因此，管理者必须重视这三个时间段，把自己该做的工作做好。

管理者要想切实发挥自己的作用，推动社群的发展，可以从以下三方面入手。

1. 树立良好的信誉

"人无信则不立。"做好任何一件事情都离不开信誉，社群电商也不例外，不仅如此，信誉还是社群赖以存在的根基。因此，强化管理效果的关键就是树立信誉，这体现在管理者对社群规则的遵守程度以及对待成员的耐心程度上。如果管理者三番五次地违反社群规则，对成员的态度也不友好，这样的管理者自然难以树立信誉，不能管理好整个社群。

2. 运用轻松的语言、语调

没有人喜欢刻板的说教。社群是一个社交平台，如果氛围过于严肃、凝重，这是不符合要求的。所以，管理者应尽可能运用轻松、活泼的语言、语调与成员交流，这样既能拉近成员之间的关系，又能推动管理工作的有序进行，促进社群的发展。

3. 提供超越成员期望的价值

成员之所以会加入社群，主要是因为社群能提供价值，在这个过程中，成员对社群也会有一定的期待。显然，如果管理者为成员提供了超越期望的价值，这无疑能征服成员，加强成员对社群的认同感。

总之，不论是从管理效率来看，还是从调动成员积极性来看，排班制都是极具优势的，所以，这是一种值得社群运营者利用的管理方式。

6.2.2 联合制：多群联合管理，一人控百群

现在有这样一种做法：社群运营者为了扩大覆盖范围和规模，同时运营多个社群，该做法确实有一定好处。一方面，能够引入更多的流量；另一方面，可以提升产品售出的概率。但必须承认，同时运营多个社群会给社群运营者的管理工作带来更大的难度。面对这种情况，社群运营者可以采用联合制，即多群联合管理，一人控百群。

一位健身教练在健身行业工作多年后，积累了丰富的经验和人脉资源。于是，他建立了一个有关健身塑形的微信公众号。由于有丰富的人脉资源作为基础，这个微信公众号迅速聚集了大量的粉丝。

在这种情况下，这位健身教练又增开了一个微信公众号，不过实际的管理工作让他有点力不从心，但他坚持对粉丝负责到底的态度，对于粉丝的提问，他会非常认真地回答。也正是因为这样，粉丝非常信任他。久而久之，在微信公众号中提问的粉丝也变得越来越多。

其实，像健身教练这样遇到问题的社群运营者不在少数，可以说，这是社群发展壮大过程中不可避免的障碍。如果积极对待，这个障碍并非不可跨越，毕竟这位健身教练手里只有两个社群，他完全可以请几位专业人士，组建一个运营团队。事实上，还有一些社群运营者同时运营成百上千个社群，这时就必须重新寻找管理方法。

多群联合是指将多个社群联合起来管理，这是对资源的有效利用。通常，同一类型的社群在某些方面存在相似之处，尤其是同一个社群运营者手下的社群，它们之间的相似特征会更加明显。基于这种情况，社群运营者一个人同时

第6章 促活互动：让社群具备持久生命力

管理多个社群就会更加容易。

在这个过程中，社群运营者需要建立一套切实可行的规则，正所谓"没有规矩，不成方圆"。在一个人操控多个社群的情况下，如果缺乏明确的规定，难免会比较随意，也无法获得成员的信任。一般来说，制定规则时需要从三个切入点着手。

首先，制定规则对社群管理工作起到辅助作用，权责明晰的规则能为管理者的具体工作提供指导，管理者的工作效率也能提高。其次，规则是约束成员的途径，所以最好具有简单易记的特点。其实，规则越简单，说明规定的行为越细致，对成员的约束力也就越强，这在一定程度上能减轻管理者的管理难度。最后，规则是需要在社群中公开施行的行为标准，它适用于每一位成员。如果规则缺乏公平性，就难以说服大众，在这种情况下，规则最终将变成一纸空文。因此，社群运营者在制定规则时，要考虑到大多数成员的实际情况，尽可能做到让更多成员满意。为了保证规则能有效实施，社群运营者在制定规则之前可以征求成员的意见和建议，采用公开透明的方式制定规则，较大程度地确保规则的客观公平性，推动社群的管理。

另外，联合制管理社群的方法是将自己的社群交由专业人员管理。专业人员同时管理成百上千的同类型社群，你的社群只是他管理的众多社群中的一个，这也是一种一人控百群的状态。这样做的意义在于：充分发挥专业人员的水平，提高资源的利用率。

这种管理方式对社群运营者来说还有一个优势，那就是提供了大量的用户。联合管理中的社群都属于同一类型，这就意味着各个社群的成员都是彼此的精准流量。因此，社群运营者可以采取互换资源的方式，与其他社群运营者达成合作，从而得到大量的精准流量。

互换资源虽然与社群管理工作无关，但它依然属于社群运营的内容，目的是实现社群的最终目标。从这个角度来看，联合管理社群是一种一箭双雕的方法。

6.2.3 分层化：储备潜在管理员，提拔管理员升分部负责人

社群不仅有运营者、管理者，还应设置负责人。管理者主要是管理社群的日常事务，诸如开展线下活动等社群中的大事情，还需要运营者或负责人来决策。为了提高管理者的积极性、保证管理效果，管理者可以实行分层化管理。换句话说，就是储备潜在的管理员，以待提拔为社群负责人。

分层管理在一定程度上等同于激励机制。管理员的管理工作质量越高，也就越容易得到提拔，这等同于用更高的地位以及更多的权利实现激励目标。在这种情况下，管理员会更加认真地对待工作，社群的管理效率以及效果也都将有所提高。因此，这种激励方式也称得上是社群的内在动力机制。

另外，分层管理也是社群得以顺利运营的保证。因为社群中的重大事件需要有一个有效的决策机制。比如，一个大型社群若开展线下活动，涉及人力、物力、财力、场地等一系列问题，如果没有一个决策机制来处理这些问题，线下活动将难以顺利举行，或者即便举行了，最终效果也难以达到预期。

那么，社群运营者如何在众多管理员中挑选出潜在的负责人呢？这就需要建立一套完善、可行的评估机制。具体来说，评估机制中需要包括三方面的内容，即管理工作是否体现了激励机制的原则，是否调动了全体成员的积极性，是否具有客观公正性。

1. 激励机制

管理员管理成员，与社群运营者管理管理员的道理是一样的。既然激励机制能够促进管理员的工作效率，同样也能够激发成员对社群的认同感。如果管理工作体现了激励机制的原则，也就能够从侧面反映管理员的工作效率和质量。

2. 成员积极性的调动

如果在某管理员的管理之下，成员的积极性随之高涨，那么这样的管理员

也值得提拔。因为成员的积极性越高，越能说明成员对社群的认可度越高，也就越有利于社群工作的展开，这正是社群运营者所希望看到的结果。因此，可以将是否能提高成员的积极性作为衡量管理员能力的参考标准。

3. 工作作风

提拔的对象将成为社群的负责人，这就意味着此人将要负责更多、更重要的工作。若候选人的作风有问题，不能做到客观公正地处理问题，那么他将很难做好更重要的工作，也就不适合管理社群和成员。

另外，为了达到矩阵化运营的效果，社群运营者可以允许或直接鼓励被提拔者在原社群的基础上建立一个新的分支社群。与公司经营一样，新建立的分支社群与原社群是分部与总部的关系。虽然前者隶属于后者，但其享有较大的自主权利。这样，一方面能扩大被提拔者的权利；另一方面扩大了社群的规模，形成矩阵化运营。

从被提拔者的角度来看，由于被赋予了更大的权利，所以能充分调动他们工作的积极性。这样负责人既有了具体负责的项目，也有了前进的方向和动力，最终将推进社群工作高效、顺利地进行。

6.2.4 区域化：组织区域管理员见面会，便于达成共识

基于互联网发展起来的社群，同样具有互联网的特征，即打破了时空的局限性。成员是来自全国各地的用户，这使得社群具有一定的区域化特征。基于这种情况，对社群进行区域化管理非常有必要。具体来说，按区域设立管理员，定期组织区域内的管理员召开见面会。

首先，按区域设立管理员很有优势。因为不同地区的用户具有不同的特点，对这些特点深入了解的是该地区的用户。让同一地区的用户担任管理员，表示社群对该地区的用户非常重视。从这一点来看，按地域设立管理者的意义也就凸显了出来。

其次，同一地区的用户对该地区的风土人情了解得较为透彻，能有效避免因风土人情造成的管理冲突。

最后，按区域设立管理员，方便见面会的组织和召开。社群运营者定期组织见面会，可以通过管理员深入了解社群的运营情况。除此之外，将管理员集中在一起，还能让他们进行沟通交流，探讨社群管理工作。

总之，社群的区域化管理是提高管理效率的一个有效途径。对于大型社群，其成员数量较多，来源也非常广泛。将这些成员按区域划分，并设立管理员进行管理，在内容的输出、产品的送达上更加方便，不仅能够提高变现的效率，还可以保证社群更加顺利地运营。

从组织和召开见面会的角度来看，要想达到较好的效果，社群运营者需要从三个方面入手，具体内容如下。

1. 确定见面会的主题

一个高效的见面会必定有主题，所以，社群运营者在召开见面会之前需要确定主题。主题的内容可以是总结近期管理情况，也可以是规划下一阶段的管理工作，还可以是探讨管理过程中所遇到的问题。总之，只要与社群管理工作相关，有利于社群运营，能推动社群目标实现的内容，都可以作为见面会的主题。

在确定主题之前，社群运营者还要考虑社群的具体情况，因为运营工作以及管理员设定、见面会组织和召开都是围绕社群这一目标展开的。所以，社群运营者需要将这些因素有机地结合起来，确保最终的效果。

2. 让管理员积极发言

管理员是深入社群的一线人员，他们每天都会面对较多的社群运营问题，并处理这些问题。同时，不同区域的负责人遇到的具体问题也是不同的。因此，组织这些一线人员召开见面会，让他们交流沟通，能够增长他们的管理经验，推动管理工作朝着纵深化进行。

具体来说，一方面要为管理者的发言营造一个良好的氛围，不要让管理者感到紧张、压抑；另一方面，社群运营者要及时抛出与主题相关的问题，让管理者围绕这个问题展开探讨。

3. 布置管理任务

社群运营者听取管理者的发言后，要及时分析，结合社群工作的进展，及时为管理员布置下一轮任务。社群运营者在布置任务时，要以实际情况为依据，不可急于求成。

对于大型社群来说，实行区域化管理是一个切实可行的方法，也是非常值得推荐的方法。但如果要利用这种方法管理社群，社群运营者不能忽略区域管理员见面会的召开。在召开见面会时，社群运营者要从以上三方面入手，确保社群管理工作高效且有序地进行，从而推动社群的长远发展。

6.2.5 公式化：量化考核，责任到人

采取有效的社群管理措施只是保证社群管理工作能够有序进行的前提。为了确保管理员的工作质量，社群运营者还应该设立考核制度。通过考核制度对管理员的工作进行考核，一方面对管理员的工作进度有一个很好的把握；另一方面还能起到督促作用。这种量化考核、责任到人的方式，也称为社群的公式化管理。

公式化管理是指按照一定的制度或标准来实行管理工作。因此，公式化管理的前提就是制定管理制度，或者叫制定管理标准。通常情况下，在制定管理标准时，社群运营者可以从六个方面着手。

1. 明确目标

明确的目标能为具体工作提供指引，制定考核标准同样需要目标作为前提

和依据。这里提到的目标是指整个社群运营和社群的战略。采用公式化管理、制定管理标准的最终目的都是推动目标的实现。以这个目标为前提，能够保证制定出来的管理标准与社群的目标有着紧密联系，有利于促进社群的不断发展。

2. 分解目标

进行公式化管理的重点在于对管理者工作的考核。既然要考核，自然是标准越细分、越明确，效果会越好。因此，对目标进行分解非常有必要。将一个大目标分解为多个小目标，一个小目标对应一条管理标准。这样既简化了管理员的工作难度，又能推动大目标的实现。

3. 分析用户的特点

实际情况与理想状态有着很大的区别，如果以理想状态作为考核标准，很少有人能达到要求，这只会给管理员的工作带来巨大压力，挫伤管理员的积极性，引发管理员的反抗情绪，不利于管理工作的实施。因此，社群运营者需要从用户的实际情况出发，结合理想状态制定考核标准，这样才会有激励作用。

4. 分析产品的特点

产品是社群的重要组成部分，在设定考核标准的时候，也需要将其考虑进去。比如，社群所出售的产品属于生活必需品，那就必须经常做宣传和推广。但如果社群所出售的产品属于奢侈品或贵重品，管理员则可以适当地降低宣传和推广的频率。总之，对待不同的产品，管理员应该采用不同的方式。

5. 提取考核要素

通过对上述四个方面的分析，社群运营者可以提取出考核要素，然后结合社群运营的实际情况，以及当前行业的总体趋势，从中选择十条最有效的要素。若考核要素过多，一方面会增加考核者即社群运营者的工作难度；另一方面也会给管理员的工作带来严峻挑战，这不利于提高管理员的工作积极性，与公式法管理的初衷相违背。

6. 设定目标值

筛选出来的考核要素是最终的考核标准，社群运营者需要为这些考核标准设定目标值。比如，组织一次线上谈论会，要有10个以上的成员参与才算达到考核标准。同样，社群运营者在设定目标值时，既要参照理想状态，也要结合实际情况。

原则上，按照以上方法与步骤制定出来的考核标准是非常合理与科学的。但是，由于事物处于不断发展的状态，在实际操作的过程中，如果社群运营者发现考核标准存在不合理或者不科学的情况，应该及时调整和修改，以免影响管理员实施管理工作。同时，为了确保考核标准切实可行，社群运营者在制定标准时，还可以让一线管理员参与其中，通过听取他们的意见和建议，在最大程度上保证标准的合理性以及人性化。

制定好考核标准后，考核工作的展开可以采用四种方法，即相对评价法、绝对评价法、描述法以及模型法。其中，相对评价法又分为序列比较法、相对比较法和强制比较法；绝对评价法又包括目标管理法、关键考核指标法、等级评估法以及平衡计分法。

所谓相对比较法，是指在考核标准的范围内，对管理员进行比较考核。通过对各位管理员的工作情况进行比较，从中选出最优者。而绝对评价法，则是完全按照考核标准进行，与管理员的工作情况无关，这种方法的优点在于能公正客观地评选出最优秀的管理员，但其缺点在于缺乏灵活性与应变性。

描述法相对来说比较人性化，它既涉及运营者和同级管理员，也涉及管理的对象，还与管理员所处理的重大事件相关。此外，因为描述法的内容非常丰富，所以相对来说比较合理、公正，能够全方位、真实地反映管理员的能力。

模型法是现代人力资源管理中的一种重要的考核方法，它是经过专业人士研究而得出的管理模型，效果非常具有保障。

总而言之，考核方法有很多，社群运营在选择时，一方面要以考核标准为依据；另一方面则要从实际情况出发。

6.3 动态运营三步曲：主题、主角、热点

6.3.1 主题多变：一个主题深谈一次

社群有一个显著特点，那就是社交性，这与社交软件——微信的出现紧密相关。由于社群的社交属性，才让它有成为电商平台的可能。事实上，社群的活跃程度主要体现在成员的谈论热度上。

如果长期让成员讨论同一个主题，成员很快就会失去兴趣和耐心，最终选择沉默或退出，这也意味着社群失去了活跃性。所以，为了让成员对社群保持长期兴趣，社群运营者需要经常更换社群的讨论主题。通常而言，最佳的状态是：一周更换一次讨论主题，且保证每个讨论主题不重复。

社群运营者在挑选讨论主题时，一方面要保证讨论主题不过时；另一方面还要保证讨论主题的内容与社群的目标紧密相连。只有在这种情况下，保持社群活跃才有意义。那么问题来了，社群运营者该如何挑选社群的讨论主题呢？答案可以从四个方面获得。

1. 社群性质

"小小包麻麻"作为一个母婴类社群，提供的内容几乎都与育儿、亲子相处相关。而且，"小小包麻麻"每推出一款新的育儿产品，都可以取得不俗的销量，这充分说明了根据社群性质选择内容的重要性。

从用户的角度来看，根据社群性质选择内容，能够让用户在潜移默化中改变自己的观念，从而更容易接受社群推出的产品。"小小包麻麻"在出售婴儿

辅食——米粉之前，会先发文章告诉用户该在什么时候为婴儿添加辅食、如何选择婴儿辅食、给婴儿喂养辅食的好处等。这样一来，在用户的观念中就会对婴儿辅食予以重视。因此，当小小包麻麻开始出售婴儿辅食时，就会吸引很多用户购买。

2. 成员兴趣

社群形成的基础是兴趣，社群运营者在挑选主题时，需要考虑成员的兴趣。要保证挑选的主题符合成员的兴趣，首先要对成员进行分析，包括成员的年龄层次、学历层次、所处的地域以及所从事的行业等方面。

在成员较多的情况下，虽然不可能保证主题符合每一位成员的兴趣，但至少要确保符合绝大多数成员的兴趣。对于少数没有照顾到的成员，他们的兴趣将是下一个主题。因此，社群运营者应该在总体上保持一种平衡关系，让尽量多的成员感到满意。

3. 产品特点

社群运营者之所以建立社群是因为要实现盈利的目标，这离不开产品的销售环节。成员在购买产品时，第一是根据自己的需求；第二是根据产品的价值；第三可能与心情有关。至于成员的需求，往往是无法控制的事情，但社群运营者可以挑选有价值的产品，并创作有意义的主题让成员讨论，这样就能吸引成员购买产品了。

很多时候，并非产品不具有价值，而是社群运营者没能很好地展示产品的价值，影响了成员对产品的认识，最终放弃购买。一般来说，社群运营者可以从产品的设计理念、制作工艺、功能功效等特点出发来设计主题。当然，主题也可以从其他方面直接挑选，或者由社群运营者原创设计。

4. 趣味内容

趣味性浓厚的主题吸引力较强，是一种可供选择的主题。而且，趣味性主题能调节整个社群的气氛，但这种类型的主题不适合经常使用，偶尔使用一次就可以。如果使用过多的话，则会让成员忘记社群的初衷，导致社群的目标难以实现。

另外，即使是趣味性主题，社群运营者也要有选择性地使用，诸如低级趣味等就必须坚决抵制。社群运营者可以在社群中发布趣味测试题、趣味笑话等内容，前者可以调动成员的积极性，让成员参与讨论；后者可以让成员放松。两种方式相结合，能够保证效果最佳，并且符合大多数成员的审美趣味，顺应时代的潮流。

除此之外，不定期举行一些小活动，也能起到提高社群活跃度的作用。一个社群运营者在网上分享了自己保持社群活跃性的方法，效果非常明显，大家可以参考借鉴。

张静是一位资深手工制作者，她的社群主题就是手工制作，通过展示自己的手工作品，发布手工作品的制作教程，她很快吸引了100多名粉丝。于是，张静想进一步扩大社群的规模，充分调动成员的积极性、变换社群主题都是她使用的方法。起初，这些方法还比较管用，但一段时间后，效果开始变得不太明显。

想来想去，张静决定尝试一种新的方法。圣诞节即将来临，她在社群中发出所有成员的地址，然后每位成员随机选择一个地址寄送一份礼物。这也就意味着，大家都不知道自己的礼物会送到谁的手中，也不知道自己会收到谁的礼物。

一个星期以后，大家在社群中晒出自己收到的礼物，这些礼物五花八门，成员们纷纷表示自己收到的礼物很有意义，自己感到非常开心和满足。这个活动让成员之间的关系变得更加紧密，社群的活跃度也因此更高涨。

所以，提高社群活跃度的方式是多种多样的，即使变换社群主题，社群运营者也可以从多个角度思考，在不脱离实际情况的基础上，尽可能做到创新。总而言之，社群运营者敢于创新、勇于创新，就会收到意想不到的效果。

6.3.2 切换主角：不定期+自由组织

在大多数社群中，社群运营者也担任着组织者、主要管理者等角色，成员则处于从属的地位。这种运营模式虽然便于社群运营者开展管理工作，掌控整个社群的运作，但是长此以往，不利于提高社群的活跃性。

为了改变这种社群运营者唱独角戏的局面，可以不定期更换主角，让成员们有崭露头角的机会，从而提高社群的活跃度。虽然成员们因为认可社群运营者的某一观点，或是社群运营者的某一突出特质而聚集到一个社群中，但他们毕竟是有独立思想的个体，难免会有质疑、不满的时候。因此，社群运营者应该让成员有发言表达的机会，这样做一方面是尊重成员的表现；另一方面是保证社群活跃性的做法。通常，主角是从成员中产生，所以此事最好交由成员自由组织，发挥他们的能动性，调动他们的积极性。

任何事情都是过犹不及，切换主角同样如此。在这种情况下，对于切换主角这一做法，应该不定期进行，而不是经常进行。什么叫做不定期呢？就是指不规定切换的时间和频率，让这件事情没有规律可循。因为没有规律，对成员具有较强的吸引力。

所谓切换主角，是指让成员有主人翁的感觉，这就需要为成员安排具体的工作。从这个角度考虑，社群运营者可以通过四种方法为成员营造主人翁的感觉。

1. 安排管理工作

让成员参与到社群的管理工作中，是为成员营造主角感最简单、最直接的做法，管理工作通常是由社群运营者亲自执行，或是由专人负责，成员一般很难接触到。不定期让成员负责管理工作，能让他们产生被重视感的感觉。这样一来，成员的积极性也就可以提高，社群活跃度也有了充分保障。

在上一章社群的日常管理工作中提到了排班制。其实，这种为成员安排管理工作的方式，与排班制有着异曲同工之妙，既能减轻运营者的管理压力，又可以提高整个社群的管理效率，最终达到一箭双雕的效果。

2. 分享绝技

让成员成为社群的主角，就是要让成员觉得自己在整个社群中有着非常重要的作用，是不可缺少的一员。从心理学的角度来讲，只有让成员重视自己在社群中的角色，才能充分发挥其在整个社群中的作用。基于这种情况，可以让成员在担任主角时，分享自己的独门绝技，而且最好是那种操作性非常强的独门绝技。

由于不定期切换主角，每个成员都会非常重视这样难得的机会，也能切实体会到其他成员担任主角时的心情。在这种情况下，其他成员也会非常配合主角的分享工作。社群中，成员参与的积极性越高，社群也就越活跃。这样，提高社群活跃度的目标也就达到了。

3. 组织线上活动

通常情况下，社群会经常开展各种线上活动，因为社群本身就是基于互联网诞生的，它是一种线上的群体。线上活动的组织一般由社群运营者负责，要让成员体验到主角感，可以将这项工作交到成员手上。成员可以根据自己的喜好设置线上活动的内容和类型，也可以直接将自己设置为线上活动的主角，不管哪种方式，都能让他们体验到主角感。

线上活动的开展也是促进社群活跃度的做法。由于不同的成员会有不同的创意，因此，切换主角能够丰富线上活动的形式，使线上活动更具吸引力。显然，总让社群运营者一人负责线上活动，其形式会有一定的局限性，吸引力也较为有限。

4. 策划线下活动

除了线上活动外，社群还会不定期举行线下活动，为成员提供沟通、交流的机会，让成员有主角的感受。一般来说，策划一场线下活动会涉及人力、物力、场地、资金、嘉宾等众多问题，而这正是考验成员的机会。如果成员能顺利解决线下活动中所涉及的问题，社群运营者可以考虑将社群管理工作彻底交由该成员负责，以减轻自己的压力。

另一方面，成员在亲自体验过线下活动的策划工作后，能将自己感兴趣的话题融入线下活动中，其他成员的热情和积极性也会随之提高，社群的活跃度也有了保证。

除了以上方法，提高社群活跃度还有非常关键的一点，那就是社群本身的价值。社群的价值越高，越容易吸引用户。社群中举行的各种活动，参与的用户越多，社群活跃度自然可以大幅度提高；没有价值的社群会随着规模的扩大、时间的推移，出现灌水或进行无意义聊天的现象，这些现象会让有追求的成员流失，使社群失去活跃性，甚至解散。

为了不让社群解散，社群运营者应该尽可能向社群中输送有价值的内容，比如分享领域达人的最新言论、分享行业最新研究成果等。当然，社群运营者也可以将分享交由成员负责。

由于看待问题的角度不同，以及自身的经历、经验的差异，其他成员在听取分享内容时，肯定会产生不同的意见和建议。发表自己的意见和建议，这是尊重他人、提高社群活跃度的做法，也能让成员从多个角度理解分享的内容。

但是，活跃的社群不等于混乱无序。为了让整个分享活动顺利进行，社群运营者需要控制整体局面，比如分享者在分享内容时，将社群设置为禁言模式，以防有人打断分享者的发言。如果成员的发言偏离了主题，社群运营者也必须及时予以纠正。能达到这种状态的社群才具有意义，才能推动目标的实现。

6.3.3 紧跟热点：将社群与社会热点看齐

为了保持社群的活跃性，要紧跟热点，让社群与热点看齐。早前，在新世相和航班管家的联合下，微信朋友圈成功被一篇标题为《我买好了30张机票在机场等你：4小时后逃离北上广》的文章刷屏，这篇文章中加入了"机票""机场"等关键要素。

文章一经发布就迅速传播，一时之间成了全民性的话题，新世相的微信公众号也因此成功涨粉11万，而这次活动的合伙人——航班管家，更是登上了微博热搜榜。有人说，新世相用30张机票作为成本，创造了一场价值超百万元的营销活动，不仅提高了自己的知名度，还增强了航班管家的影响力。

那么，为什么新世相联合航班管家发起的这场"逃离北上广"的活动会取得如此亮眼的成绩？答案就是对热点的运用恰到好处。众所周知，北上广是让很多年轻人又爱又恨的城市，这三个城市寸土寸金，很多年轻人无法在此扎根，只能处于一种漂泊的状态。然而，这三个城市也是工作机会最多的城市，能够助推年轻人实现梦想。同时，这三个城市的生活节奏之快、生活压力之大，让年轻人想要逃离。

近年来，关于北上广的话题一直是一个热点。因此，当新世相发起"逃离北上广"的活动后，迅速引起了在这些城市打拼的年轻人的共鸣，这场活动也就产生了轰动性效应，带来了出人意料的营销效果。这就是热点的威力。同样，如果将热点与社群结合起来，也能够起到非同凡响的效果。

尽管热点所带来的效果非常明显，但热点也有两面性。因此，社群运营者在利用热点提高社群活跃度时，还需要进行筛选，正面的、积极的热点可以利用，负面的、消极的热点要果断舍弃。

那么，正面的、积极的热点种类繁多，究竟该如何利用也是社群运营者十分关心的问题。要解决这一问题，可以使用以下几种方法。

1. 集合式

集合式是将同种类型的热点集合起来使用，对用户造成更加强烈的冲击，从而较大程度地吸引用户的注意力。需要注意的是，使用多个热点，并不是将多个热点简单地罗列出来，而是将其整理成一个新的整体，否则就不能实现

1+1＞2的效果。

2. 信息图表法

社群运营者在利用热点时，可以借助图表法。比起纯文字的内容，用图表展示信息更能凸显信息的条理性和逻辑性。图表简洁、明了，更能引起人们的注意。当人们的注意力被成功吸引以后，社群运营者再因势利导，就能调动起社群的活跃度。

3. 大侦探式

不可否认的是，几乎所有用户都有一个特征，那就是好奇心较强。在互联网这个虚拟世界中，有些用户的好奇心已经达到了窥探的程度。基于这一点，社群运营者在利用热点时，可以使用大侦探式的方法：探究热点的深层次原因，或者为用户提供探究的出发点，让用户自行探究。这样一来，用户的积极性得以调动，社群的活跃性也有了保障。

4. 世界观式

所谓世界观式利用热点，指以一个热点为立足点，对其解读，最终引起读者的广泛共鸣。一条"清理朋友圈"的消息在微信中广为传播，当时算是一个热点。此后，微信公众号运营者针对这一热门写了一篇《有人在朋友圈把你删除了》的文章，一经发布，短时间内就获得了超30万的阅读量。

5. 分析解读式

对于热点，有些用户非常愿意参与到解读中，这时候，就需要有一篇文章冷静、理智地为他们分析。所以，对于热点的解读，也就出现了第五种利用方式，即分析解读式。

六小龄童是很多人心中的"美猴王"，这些人都非常期待六小龄童在猴年春晚的演出。但当网络上传出六小龄童无缘春晚的消息时，不少人表示不能理解，此事件也迅速引发了热烈讨论。此时，有人写了一篇名为《六小龄童不上春晚的原因》的文章，冷静、理性地罗列了多方面的原因，有理有据，获得了较高的阅读量。

6. 情绪煽动式

因为热点极易让用户产生积极或愤怒的情绪，在这种情况下，社群运营者可以因势煽动用户的情绪，让用户的情绪更加激烈，从而带动整个社群的活跃度。从心理学的角度来看，这种做法较容易达到预期目标，但社群运营者在具体操作时一定要注意，不能煽动用户的负面情绪，而要引导用户的积极情绪。

7. 段子手式

京东与苏宁曾在双十一来临之际，展开了一场文案上的"较量"。双方利用段子式的语言策划文案，增强了文案的看点和吸引力，助推了这两家电商平台的知名度。事实上，大多数用户都希望在网络上找到愉悦、放松的空间。所以，社群运营者也可以将热点改编成段子式的内容，这样既能给用户带来新鲜感和愉悦感，也能够得到用户的关注。

8. 提方案式

所谓提方案式是指针对热点中呈现的问题提出一个解决的方案。网络直播带来的巨大经济利益，不仅使众多行业抛出橄榄枝，也吸引了很多普通民众的关注。有些人为了抢风头、搏出位，直播给贫困村民发钱的画面，但事后有新闻爆出这其实是在作秀，发出的钱在直播过后都被收了回去。这件事情一度引起了网友的热议，面对这种直播乱象，究竟该如何解决？如果社群运营者就这一问题提出一个可行的方案，无疑能够引起成员的关注。

6.4 线上社群互动方法

线上活动是社群与成员产生连接的方式，主要包括设立资源储备池、定期邀请嘉宾在线上交流分享、与成员互动。另外，社群也要收集成员感兴趣的问题以及意见和建议，以改进社群工作，还可以通过直播与成员建立更加亲密的关系。

6.4.1 设立嘉宾资源储备池

从最初的《超级女声》到现在的综艺节目，真人秀已经成为一个创新度最高的类型。在真人秀中，制作方耗费重金安排场景，无论是田园生活还是异国风光，总能给观众带来不一样的体验，其中明星阵容也成为观众关注的焦点。

一般来说，真人秀在选择嘉宾时，会按照嘉宾总数的3倍以上来储备嘉宾资源。比如，节目需要5位嘉宾，那制作方会提前和20多位嘉宾接触，经过各方面考量从中选择5位。当然，选择什么样的嘉宾，也要看节目风格和经费情况。

为了有更好的效果，大多数制作方都想邀请非常著名的嘉宾加盟，但邀请嘉宾不能只靠单方面意愿，也需要结合嘉宾自身的情况，以及节目的实际需求。所以，节目和嘉宾之间也要互相吻合才能达到理想效果，观众才会买单。

制作方需要仔细思考，储备3倍以上的嘉宾资源才能保证真人秀的顺利进行，对社群运营来说也是这样。社群之所以能够吸引成员，大部分原因在于有足够的价值输出，而这种价值输出也多以嘉宾的形式释放出来。

活动少不了嘉宾的参与，特别是意见领袖或者行业KOL，他们本身就具有很强的吸引力，成员也乐意倾听这些人的经验分享。嘉宾通过各种方法分享自己的创业心得，还会与成员互动，解答疑问。比如，餐饮类社群可以邀请嘉宾分享饮品类的制作技巧，创业类社群可以邀请创业成功人士传授创业经验，形式可以多种多样，如文字、语音、图片、视频等。

嘉宾也要精准选择，及时对接，保证活动的顺利开展。嘉宾一般都邀请业界资深人士，或者在某个领域有所专长的人，这样的人能够言之有物，给成员带来思维启发，同时也可以显示社群的档次。以创业社群为例，可以将线上互动渠道锁定为微信多群视频直播,邀请的嘉宾主要有三类,分别是企业领导者、职业经理人和90后青年代表。社群运营者定期安排这三类嘉宾分别开展讲座,目标用户主要是大学生或者是初入职场的年轻人。

从目标用户以及满足需求的角度来看,企业领导者或大BOSS可以为大学生分享行业最新动态,帮助他们了解企业运营的知识和经验;职业经理人能够从HR以及中层管理者角度帮助初入职场的年轻人了解工作中需要掌握哪些技能;90后青年代表因为与目标用户处在同一年龄段,能够和他们产生情感共鸣,分享创业过程中的得失和经验总结。在分享形式方面,主要以微信多群视频直播为主,社群运营者需要提前规划,安排好各项工作。

在社群的发展过程中,嘉宾起到了传递社群理念、吸引用户的重要作用,扮演着社群价值传递者的角色。同时,嘉宾与成员线上互动的方式多是直播,即现场即时讲座。所以,社群运营者要从各个方面做好充分准备,比如,设立嘉宾资源储备池,从多种渠道挑选出最合适的嘉宾。因此,社群运营者在选择嘉宾时有三点注意事项。

1. 声誉良好

社群运营者在储备嘉宾资源时应该注重嘉宾的声誉。线上互动也是一种直播,在某种程度上说,社群与嘉宾的表现是捆绑在一起的。如果嘉宾声誉良好,能够为成员带来实实在在的干货,肯定会受到欢迎。

当然,很多时候,社群运营者会因为私人关系而邀请自己的好朋友作为嘉宾,由于有这样的私人关系,挑选嘉宾以及嘉宾报酬方面可能会更好协调。但值得注意的是,私人关系良好不代表一定适合做社群嘉宾,所以,在邀请嘉宾时还要结合社群的实际情况。

2. 挑选渠道

嘉宾的挑选或邀请渠道可以多样化,除了私人关系以外,还可以运用社会公开竞聘的方法。竞聘要设立一定门槛,让成员积极参与,使成员有机会选择自己喜欢的嘉宾。为了以透明公开的方式挑选嘉宾，避免暗箱操作，还可以设置成员监督机制。

如果人脉不是特别广，那社群运营者就可以通过专门的嘉宾资源公司，直接付费聘请有一定社会身份的人作为嘉宾。但一定要注意处理好各方面的关系，一切以标准章程办事，签订合同，避免事后产生纠纷。

3. 言行得体

这条注意事项主要针对嘉宾在活动中的表现。无论嘉宾的挑选来源如何，社群运营者都要以社群利益为主体，为成员传递正能量。比如，制定规则条例，禁止嘉宾有不当言行损害社群和成员的利益，即使有争议也要以正向探讨为主，避免出现过激言论。

严格来说，无论是线上活动还是线下活动，嘉宾都要以传递正能量为主，为成员带来真实的干货，禁止出现不当言论。在储备嘉宾资源方面，社群运营者可以运用多元化、多样化的渠道挑选嘉宾，使社群能够持续进行有价值的优质内容输出。

6.4.2　每月固定分享时间

线上活动的第二种方法是每月固定分享时间，分享内容围绕社群活动展开，这样有助于激发成员的积极性，使其形成参与习惯。

生活中，每年阳历一月或二月的某天是农历春节，八月十五是中秋节，九月九日是重阳节等，这些节日都有固定时间和特定场景；还有每年的"双十一"，很多人很早就开始期待。这些固定的特殊日子能够给人们带来氛围，社群运营也是如此，应利用固定节点吸引成员的注意。

比如，每月15日是固定的线上分享时间，每周五晚21点是大咖分享创业经验时间，每天早上6点是微信群内咨询预报时间，每天中午12点是固定的广告时间，每周六晚22点是发红包时间。当一个新成员加入时，社群运营者可以将这些信息一并向其传达。

这些固定化的场景可以使成员避免错过时间，或者是思考注意力的投入与收益之间的关系。如果没有固定化的场景，成员可能会时刻注意群内什么时候发红包、大咖什么时间会投放干货，这种随机性行为使成员无法与社群形成牢固的黏性关系，反而会因为注意力投入过多、收益不确定，而放弃对社群的关注。

每一位成员的时间和精力都有限，不可能一直盯着微信群。有了固定时间，可以免去这些烦恼，成员只要在某个时间准时打开微信群就可以收看大咖的视频直播。从社群运营的角度来看，定期推送优质文章或者是举办分享交流会，可以发现不足并及时纠正，促使社群工作更加高效、完善。

在固定化场景的具体应用方面，社群运营者可以依据实际情况培养成员的习惯，包括关注度和学习热情，有针对性地开展活动，比如，邀请社群运营工作业绩第一的成员为大家分享心得方法。

英国伦敦大学学院（简称UCL）的健康心理学家费莉帕·勒理曾做过一项有关习惯养成的试验，测试者每天重复某个活动，包括早餐后散步10分钟、饭前做15分钟或者是晚餐前做50个仰卧起坐，三者选一。

同时，测试者上传自己的完成情况，还要填写一份测量行为自动化的量表，记录行为过程中的情绪反映。研究发现，全部参与者平均需要耗时66天形成这些习惯。最短的测试者只用18天就形成了习惯，而有的测试者在第84天尚未成功，结合研究推断，这些测试者可能需要254天才能真正养成习惯。

这个测试说明人对某项特定行为从初期培养到最终适应的时间不同，有的人耗时短，有的人耗时长。结合实际情况，如果一个人要培养习惯，中途短暂的停止不会有太大影响，但是长期停滞或反复无常则会导致失败。

因此，社群运营者要从成员的习惯培养角度出发，将社群活动与固定习惯相匹配，具体可以依照三个方面进行。

1. 常态行为

手机已经成为现代人必不可少的装备，很多人都有睡前看手机的习惯。结合社群线上活动的要求，可以初步确定晚上临睡前这个时间是用户的活跃期，社群运营者可以从此处着手。比如，晚上9点半开放特定微信群供大家自由讨论，一个小时后关闭，仍然有"聊天"需求的成员可以私下联系。

2. 代替行为

比如，有人直到深夜12点还在玩手机，甚至有困意也坚决不放下手机。对这些人来说，看手机已经成为舍不得停止的动作，即便只是随意浏览网页。因为他们在消遣时没有找到手机的替代品。

拓展到社群运营中，用替代行为将成员的注意力拉回到社群设定的场景是一种较为实用的方法。比如，中午12点到13点是边吃午饭边玩游戏的时间，社群运营者可以将这1小时定为发广告和发红包的时间，以吸引成员的注意力。

3. 成就引导

放弃已经形成的习惯，改用新的习惯并彻底适应，是一件需要毅力且十分痛苦的事情。就像减肥一样，很多人的确想减肥，但总感觉付出与效果不成正比，一个月过去了体重没下去多少，甚至进入瓶颈期，再努力好像也没有效果。这时需要成就引导，激励自己坚持下去。

这一点不管对社群运营者还是成员来说都非常重要。其实，社群工作非常复杂，也不容易做到面面俱到，社群运营者会认为自己为社群工作付出很多，长期坚持下去有难度；成员也会认为自己长期的学习仅靠自我激励很难坚持。所以，需要在社群的顶层设计中加入激励元素，给予付出者回报，提高运作效率，既有利于习惯养成，也能促进社群的团结性。同时，丰富有趣的内容远比枯燥的教科书式说教更有吸引力。因此，社群的分享活动要充分融入趣味元素，在轻松、愉悦的互动交流中培养习惯。

6.4.3 安排收集成员感兴趣的问题

成员或者说是产品用户构成了社群的核心部分，因此，解决他们的需求是社群的立身之本。产品更多的是优质内容输出，而持续产生新的优质内容不是件容易的事情，单纯依靠嘉宾或者是社群运营者很难实现。由此来看，给用户提供优质内容，不如让用户自己产生优质内容，即UGC。

UGC（User Generated Content）是指用户将自己创作的内容在互联网平台展示给其他用户的行为，这个行为是随着互联网的发展而兴起的。在UGC模式下，用户既是内容的浏览者也是创造者，比如，抖音、快手等视频分享平台就是这方面的经典案例。

对社群来说，核心问题之一就是发现并解决用户的需求，但用户知道自己需要什么、不需要什么，去哪里寻找解决方案。比如，用户想了解汽车方面的内容，就会浏览汽车之家、爱卡等网站；打算户外旅行或郊游的用户会去驴妈妈、马蜂窝、艺龙等网站；而买酒的用户则会优先选择酒仙网。

用户的这些行为都是根据需求"制定"的，需求自然匹配垂直社区是当下用户解决需求的直观办法，除了兴趣和现实以外，区域性也成为用户关注的重要方向。比如，杭州19楼是专注于杭州本地的生活消费以及用户沟通交流的线上平台，区域性非常强。因此，杭州以外的生活服务信息，如广州美食餐馆的打折优惠广告就不适宜出现在这里。

用户会自动寻找与自己需求相匹配的信息，社群运营者不必面面俱到，只要提供有价值的内容即可，包括用户可能会感兴趣的话题。可以说，将选择权真正放在用户手中，垂直型社群才有更大的生存和发展空间。

用户行为可以引导但不能决定或强硬指挥，严格来说，社群内的用户也应划分层次，比如核心用户、普通用户和自然用户。核心用户是社群中能够持续贡献优质内容、愿意参与到社群建设中的成员，他们对社群有深厚的感情，能够与社群共同成长；普通用户是倾向于互动的成员，比如，会经常在社群中发言、回复以及参与讨论和投票的成员，他们对社群的各项事务都以轻量级的态度参与。

相比之下，自然用户是社群中参与程度最低的成员，不积极发言，只是偶尔参与活动，在一定程度上等同于沉睡成员。虽然自然用户的活跃度不高，但社群运营者仍可将这部分成员的积极性充分调动起来，将他们转化为活跃成员。

社群的重点工作之一就是围绕用户需求，提供切实可行的解决方案，想用户之所想。比如，可以收集成员感兴趣的问题，由专人整理以后发送到社群中，供大家讨论或者是给出专家型意见。具体来说，解决用户问题可以从以下四个方面着手。

1. 社群方向

社群存在的本质意义是能够提供有价值的内容，解决用户的需求。所以，倒推过来，社群，特别是垂直型社群必须以满足用户的需求为立足点。单击一两个痛点却能够准确解决用户的需求，这样的社群以及社群产品当然能够吸引用户，获得用户更多的支持，进而推动社群走上发展的快车道。

2. 运行体系

前面提到成员被激励后才能有更强大的动力解决现实问题，而社群的运行体系也是一样，需要有合适的机制，使社群的创建者、运营者、核心用户、普通用户以及自然用户都能够有所收获。成员遵守规定，伴随社群成长，产品得到更多的支持和认可，这才是社群良好运行的有机体系。

3. 管理体系

社群运营离不开管理体系的建设和完善，社群制度也是其中的一部分。特别是一些规模比较大的社群，成员数量多，工作繁杂，更需要有高效的管理体系作为支撑，实现各司其职：社群创建者负责领导规划；社群运营者对领导和用户负责；成员发挥价值，协助社群成长。

4. 指标考核

指标考核主要是针对社群运营者。因为一个社群运营得是好是坏，需要用数据说话，指标考核不仅考核社群运营者的工作业绩，也可以体现一个社群发展质量的高低。问题通过数据反映出来，在社群运营者收到后的第一时间得到解决和改正。

以上是社群解决用户问题的四个切入点。用户的问题能够得到及时解决、意见或建议可以通过反馈渠道与社群相关负责人沟通、注重用户体验，才能促使社群发展壮大。

6.4.4 禁言式微信群分享模式

150定律（Rule Of 150）就是著名的"邓巴数字"，由英国牛津大学进化人类学教授罗宾·邓巴（Robin Dunbar）提出，该理论认为：人类社交网络的节点不会超过150个，即和你保持友好关系的人一定在150人以内。

最初，邓巴是以英国人寄圣诞卡的习惯为例展开研究的，那时社交网络不是很发达，寄圣诞卡是人们表达祝福之意的途径，也是检验社交质量的重要方法。寄一张圣诞卡，你需要知道收卡人的地址、买圣诞卡、手写祝福语、买邮票、贴邮票，这一系列流程简单却繁琐，需要花费不少的时间和精力。

经过统计，25%的人将圣诞卡寄给了亲人，70%的人寄给了朋友，8%的人寄给了同事，所有收到圣诞卡的家庭人口总和平均大约是150人。因此，邓巴

第6章 促活互动：让社群具备持久生命力

认为人的大脑皮层大小有限、认知能力有限，最多只能和150人维持稳定、友好的关系。

虽然技术的发达使社交网络无限扩容，比如，用户可以在脸书上同时拥有数千名好友，但是频繁联系的好友通常只有180名左右，这仍然在邓巴数字的误差范围内。此外，推特用户频繁互动的好友数量平均也在100~200。

由邓巴数字可以看出，人际交往数量既受客观因素的影响，又受社交范围的影响。人的大脑对外界信息的处理能力也决定了人际交往不可能无限扩展。

虽然场景有所不同、地域文化存在差异，再加上现实世界与虚拟世界的区别，每个人的社交网络的具体规模有所不同，但社交网络内的人数肯定是有限度的，比如，在社交网络中非常活跃的人不可能和所有网友成为深度互动的好友。这也说明在沟通工具中，无限制的对话并不能给所有人带来积极反馈，所以，适当禁言应作为社群必须实施的规章制度。

开启禁言模式以后，成员无法在社群里自由发言，社群的秩序得到保障。如今，很多微信群或QQ群都会选择禁模式。总体来说，禁言模式的好处有两点。

1. 有效屏蔽广告信息

在加入微信群或QQ群之后，给新成员做好欢迎仪式，同时也要明确告知规章制度，不允许随意打广告、发链接。这需要社群运营者安排专人管理，一旦发现有群发广告或链接的成员，必须及时清除。如果坐视不管或纵容成员违背规章制度，会扰乱秩序，降低其他成员的体验度，甚至使社群沦落为灌水群。

2. 有效防止灌水闲聊

即使没有成员乱发消息，在一个规模较大的微信群中，每个成员发一条消息也得刷上半天才能看完，如果在工作时间频繁发送，还会给其他成员造成困扰。因此，解决办法是专门开设一个聊天群，与微信群区分开，这样既不会影响内容的推送，也可以给想聊天的成员一定空间。

微信群可以推送一些干货好文，增强社群在成员中的好感和存在感。当然，闲聊群也不是放任不管，同样要制定相应的规章制度，但可以比微信群宽泛一些，避免给成员造成太多的压迫感，两者平衡才能达到理想效果。

禁言是一种规章制度，目的是给社群和成员营造良好的发展空间，但是不建议社群运营者为了方便管理而处处限制成员的行为，不考虑大多数成员的意愿，甚至形成了专制。比如，过于严格的禁言容易引发争议，成员会认为只可以讨论枯燥的专业话题，甚至逐渐对所有的规章制度产生反感心理，进而对社群产生排斥情绪。但是，社群运营者可能会认为，严格的禁言是为了保证社群有良好的秩序，避免过多闲聊，尽量多分享干货内容，这样的出发点当然是好的，但结果却不一定好。

社群管理工作肯定不适合一言堂，所以，民主决策也成为平衡两者关系的重要手段。社群运营者和成员可以就某个问题公开讨论，争取达成一致意见。这种情况下最好是社群运营者的个人影响力比较大，有话语权和威望，再加上和成员的互惠互利，基本上能够协商出科学合理的规章制度。

禁言既是线上社群的互动方法，也是社群管理工作中的一个环节。禁言虽然有一定的优势，但社群运营者也要注意使用范围和力度，尽可能做到既能提供优质内容，又可以给予成员活跃、自由的空间。

6.4.5 现场提问式直播分享模式

现场提问的直播方式能够有效地聚揽社群人气。国内超人气少年偶像组合TFBOYS曾经在美拍进行直播首秀，吸引了565.6万人次围观，3.67亿次点赞，520.5万互动评论。TFBOYS最小成员易烊千玺在直播结束后又以个人形式现身美拍直播，有关易烊千玺与美拍直播的微博话题阅读量轻松破亿，登录微博热搜榜第二位。

明星通过直播与粉丝互动交流，为粉丝营造一种真实感和亲切感。明星在轻松的氛围下与粉丝直播互动，展现最自然的状态，撤下耀眼的光环，才能离粉丝更近，而这也是直播有别于微信、微博等社交媒体的独特优势。直播+视频的社交定位，使粉丝获得与明星零距离交流的绝佳机会，粉丝还可以看到想要的视频内容。另外，送道具、定制徽章等活动也满足了粉丝专属定制的心理需求。

过去，粉丝们只能在电视、网站或明星个人微博得到明星的最新动态，真实感非常弱。即使有演唱会、见面会等线下活动，也会因为现场情况易变、人多拥挤以及安全考虑等因素无法与明星零距离互动，而直播则给粉丝们提供了与明星互动的绝佳机会。

从明星直播延伸到社群运营，社群也可以以直播为媒介与成员互动，比如，通过直播以现场提问的形式分享更多干货，让嘉宾与成员无障碍地交流。

从目前的情况来看，直播的技术问题已经不是阻碍，市场上的各种直播APP都是非常好的平台，社群运营者可以有针对性地选择使用。总的来说，在社群运营中加入互动环节的直播元素，主要有三方面优势。

1. 用户体验

社群引入直播可以有效提高用户的体验，比如，在直播过程中，用户提出问题，直播嘉宾立即回答。这意味着，用户不再被动接受知识，而是逐渐成为社群的建设者。可以说，直播不仅是一种互动方式，还可以传递社群的价值观，提高用户对社群的依赖感、信任感。

在直播过程中，嘉宾也会给用户留下深刻印象，比如，社群邀请一位业界资深人士定期以直播微课堂的方式传授经验，讲课风格幽默有趣，深入浅出。相比传统的线下交流会，这样的模式更加新颖、有趣，效率也更高。

2. 二次传播

直播的结束并不意味着分享活动的结束，直播过程中的优质内容可以沉淀下来，进行储存和二次传播。比如，安排专人将直播的内容整理成文字稿，投放到各大社交媒体，或者是让成员主动发送各种话题，形成二次传播，这样可以吸引很多新的成员。此外，直播也可以回放，供那些错过的小伙伴观看。

3. 变现模式

既然直播是另一种干货分享形式，那也可以成为社群的变现模式，最简单的就是直播收费。除此之外，还可以进行深度拓展，即观看直播不花钱，通过直播吸引用户进入以后，用更高附加值的内容进行变现，比如，将用户引流到线下或直接卖货，实现边看边买的效果。

直播分享模式既是社群的流量来源，也为成员带来更好的体验，加速优质内容的沉淀。直播能成为新的互联网风口，是多重因素共同作用的结果，社群运营者也要与时俱进，迅速适应时代的要求，及时更新社群变现手段。

6.5 线下社群互动方法

社群线下互动形式主要涉及四个方面，包括宣传文案和推广渠道、活动嘉宾与时间场地、活动流程、活动反馈和引导，这四个方面涵盖了社群线下运营前、中、后的重要环节。社群运营者要做好线下工作，就需要从这些方面着手，实现社群和成员的双赢效果。

6.5.1 安排宣传文案及确定发布渠道

社群互动的线下活动也有非常丰富的形式，比如见面会、交流会、公益环保活动等。线下活动可以将人们的注意力从线上的虚拟世界吸引到现实生活中，丰富成员对社群的具体感知，加速成员之间的关系沉淀。所以，做好一场线下活动对社群具有非常重要的意义。

线下活动的关键部分，主要包括文案和推广渠道，这些都是社群运营者需要关注的内容。其中，文案要贴近社群的主题，符合社群的风格。在文案方面，要始终追求"有温度"的内容，以人性化的角度分析成员需要什么、想看什么，否则，很难引起成员的兴趣。

比如，一个长期未现身的成员突然上传了一个链接，理由是自己的公司正在进行产品内部测试，希望大家帮忙体验一下，并填写反馈信息，交代完以后没有和其他成员交流。这样的"广告"即使没有让人反感的信息，也会因为该成员没有温度，直接留下链接就走人而没有太多好感，更别提去积极配合了。

社群运营需要温度，文案也需要温度，这样才能融化并打动人心。温度的获得靠产品也靠情怀，如果这两者都没有，那就很难得到成员的支持和认可。如果上传链接的成员能够多一些温度，比如，"产品内测，欢迎率先体验，有什么意见或不满意的地方，可以随时找我，咱们私下交流吐槽，不见不散哟！"那其他成员会更愿意帮忙。

因此，在策划文案时，也要遵循有温度、有情怀的原则。社群运营者虽然不负责文案策划的每一项具体工作，但也要牢牢把握四点。

1. 逆向思维

一般来说，人的大脑倾向于用常规性的思维去想问题，带着这样的思维很容易将文案策划得过于平庸，没有新意。因此，策划文案时可以采用逆向思维，这样有利于打破人们普遍存在的心理定势，达到出人意料的效果。

2. 全面分析

社群的文案不仅是宣传活动，也代表了社群的整体形象。所以，社群运营者要对活动进行全面分析、整体思考，尽可能将文案的每个细节都考虑清楚。

此外，文案策划不能拘泥于文字形式的创意与创新，要以核心战略为指导，将多层次的含义囊括在一句话的文案中，这样才能既配合社群运营工作，也能向成员传达有效的信息。

3. 四个层次

以一句话的文案为例，首先，文案当中会涵盖产品信息，这是文案表面想要传达的意思；其次，要将实质性内容包含在文案中，不能过于空洞；最后，考虑到用户的感受，配合社群运营的核心思想，这才是有战略高度的文案。所以，文案策略的四个层次就是表达出想要传达的信息、有实质性的内容、照顾到用户的真实感受、符合社群运营的核心思想。

4. 创新创意

这点和第一点有共通之处，但创新创意更倾向于立意角度，比如，将当下社会热点或娱乐新闻融入文案中，实现创新创意。

以上四点是从社群文案的策略方向入手，简要讲述了文案的思维方向、战略层次以及立意角度等。当文案策划好以后，就要确定发布渠道，即以什么样的方法有效地告知所有成员，并且影响更多的人。

发布渠道可以分线上和线下两种方式。线上是指通过QQ好友、QQ群、QQ空间和微信好友、微信群、微信朋友圈等渠道告知成员；内容包括文案和相关活动信息，比如，活动时间、地点、嘉宾、主持人以及温馨提示等。线下是指通过易拉宝、纸质活动明细等渠道告知成员。当然，从环保角度讲，还是以线上无纸化通知为主。

除此以外，为了获得更好的宣传效果，社群运营者还可以通过官方网站、微博、微信公众号、易企秀等渠道，也可以通过百度贴吧、论坛、豆瓣、知乎等综合性平台地广泛传播互动活动。这样既能提高社群的知名度，也可以达到二次传播的效果。

社群运营者根据社群的特点和策略要求，综合运用以上渠道，使用不同的互动方法，进行多维度、广范围的传播。

6.5.2 确定活动嘉宾、地点、时间

相比线上活动，线下活动存在很多不确定的因素，比如，嘉宾临时有事无法参加、场地情况有变没有及时通知嘉宾和成员、天气原因导致成员无法全部出席等。所以，社群运营者要考虑各个方面的影响，制定好应急预警机制。

具体来说，线下活动的前一天发短信提醒嘉宾准时参加，特别是一些重要的嘉宾，要提前确定好档期。通知内容要涉及活动的关键信息，包括时间、地点、当天天气情况、需要准备的材料等。社群运营者也可以派专人打电话提前确认。为了避免发生突发状况，现场冷场自乱阵脚，社群运营者最好准备几个候选嘉宾。

线下活动以聚会、沙龙等形式为主，既可以面对面互动交流，也可以检验社群运营的真实水平并收集成员的反馈信息。

举办线下活动，相当于在社群内部举办一场"家庭聚会"，给成员们认识彼此的机会，增强成员对社群的黏性。久而久之，成员会感受到社群这个大家庭带来的温暖，寻找到志同道合者的友人，在工作和学习方面相互帮助。同时，线下活动为社群运营者提供了更多学习的计划，有利于提升自身水平。比如，在选择线下活动的主题时，可以围绕社群本身，并结合社会热点来进行；在邀请嘉宾时，最好选择大咖或行业领袖，他们比较受成员欢迎；线下活动可以在交通便利、环境优雅且容易到达的地点举行，比如咖啡馆、会议室等；时间也要与嘉宾、成员协调，保证大家都可以到场。

同时，在报名环节，应该以线上报名为主，现场签到做二次确认，签到时附赠创意的贴心小礼物，并提供免费的WI-FI，尽量做到无纸化。接下来，为大家介绍一下举办线下活动的三个注意事项。

1. 嘉宾

在邀请过程中,要向嘉宾介绍社群的特点以及作为嘉宾的好处。还要确定嘉宾的档期,特别是尊贵嘉宾。在线下活动正式举办之前,与嘉宾及时沟通各个环节,帮助或提醒嘉宾准备相关素材、最终文稿以及演讲PPT等。

2. 场地

社群运营者必须提前确认场地。在选择场地方面,可以是社群自营场地,也可以是赞助商提供的场地。当然,出于经济方面的考虑,最好选择免费的场地。同时,社群运营者也要考虑场地的设备问题,比如,用电设备是否充足,是否有突然断电的可能,投影仪、话筒、易拉宝、签到表和签到笔是否齐全,是否有免费WI-FI等。

3. 活动时间

线下活动的时间最好固定,比如每月1日,这样方便社群运营者开展相关工作,也能够让嘉宾和成员提前做好充分准备。如果有临时增加的环节,也要尽可能通知所有的嘉宾成员,让他们协调好时间。

社群运营的最高目标是给成员提供价值,线下活动作为社群运营的重要部分,同样与社群的最高目标一致。始终以利他的思维方式思考问题,社群才能获得成员的真心支持。

当成员建立了一定的忠诚度以后,就必须通过线下活动进行不断加强,实现这个目标离不开高效的运营团队。所以,社群运营者在初期就要有意识地搭建自运转团队,减小自己的工作量和工作压力,更加高效地维护社群的秩序。比如,建立为团队带来新鲜血液的造血循环机制,保证团队能够有足够的活力和高效的执行力;建立造血循环机制可以采取线下招募的方式,同时也要有社群内部培养起来的志愿者队伍。

志愿工作的本质带有很强的义务性,很少有人能够凭借自身的奉献精神毫无报酬的付出。与社群共同成长的志愿者能够体会到自身工作对于社群的重要性，这本身就是一种获得。为了建立良好的志愿者团队，社群运营者要注意志愿者的流动与自我成长，既要保证志愿者的流动不会影响社群的正常工作，也要为志愿者的成长提供路线。因此，志愿者并不只是一味地奉献，而没有任何晋升成长通道。

另外，嘉宾是线下活动的主要润色者，社群运营者必须要认真挑选。很多社群运营者本身就是非常受成员欢迎的核心人物，当然也可以承担嘉宾的角色和任务，比如，罗辑思维的罗振宇、吴晓波频道的吴晓波、正和岛的刘东华。

如果是外界"聘请"的嘉宾，在现场也要以活跃气氛、带来干货为主，这样的线下活动才能为成员提供真正有价值的内容。同时，社群运营者也要注重价值输出的可持续性，单纯让嘉宾输出干货，本身也会耗费社群的资源。所以，社群运营者可以从成员自身入手，鼓励成员贡献有价值的内容。

6.5.3 设计活动流程、特别环节

当文案确定并发布出去，嘉宾和时间、场地等也没有问题以后，就正式进入线下活动的参与阶段，此阶段的重点内容是流程以及特别环节的设计。比如，一场或一系列线下活动需要走哪些流程，哪些在前哪些在后，是否有创意的特别环节，嘉宾、主持人以及成员是否认可，有没有可以提升的地方。

当然，流程以及特别环节还需要根据实际情况设计。比如，对一些难度较高的线下活动，可以采取众筹的方法，动用大家的力量共同完成，成员在参与时热情度也会比较高；而一般难度的线下活动，如以增强成员黏性为主的线下活动，可以采用聚餐、读书分享会等方式，并设置一些破冰的游戏环节，加速成员之间的融合。

每年过生日要有生日蛋糕、纪念日要庆祝，哪怕只是一顿简单的早餐也可以用精致的餐具开启美妙的一天，这就是仪式感的作用。线下活动也要形成特

定的仪式感，比如，正式举办前都以固定的方式做一件事情，也许只是喊某个口号或做某个特定动作，也可以起到提高参与感的作用，并且让成员养成习惯。

除了仪式感，社群运营者还要在合理的预算范围内，打造一场互动率高、各方都满意的线下活动，这可以从每一个环节入手。当然，不同社群有各自的特点，其流程也不尽相同，但是核心都是围绕社群和主题，尽可能开展一些比较有意思的环节，比如，破冰小游戏或者互动小游戏，也可设置交友主题。

接下来，为大家介绍一个创业社群的小型互动分享室内活动的简要流程。

1. 19：00-19：30 所有工作人员就位，布置会场
2. 19：30-19：45 来宾签到
3. 19：45-20：00 观看宣传片
4. 20：00-20：15 主持人宣布活动正式开始，并介绍嘉宾
5. 20：15-21：15 三位嘉宾轮流上台主讲，每位20分钟
6. 21：15-21：35 嘉宾与成员互动答疑环节
7. 21：35-22：00 嘉宾抽奖，并给中奖成员现场颁奖，合影
8. 22：00-22：10 清理会场，引导嘉宾和成员到酒店休息

以上只是给出一个大致流程，具体可以根据社群的定位和要求，进行更加细致的安排。线下活动的目的是达到社群、嘉宾、成员三方受益，同时不能流于表面。因此，要强调线下活动的仪式感和参与感，这样才能让成员以及社群运营者感受到自己是真正的参与者，有所收获。另外，增强线下活动的仪式感要遵循以下三点原则。

1. 固定化

将线下活动固定化是为了给参与者一种神秘感和期待感。比如，大家都知道今天晚上某个电视台会举行一场中秋慈善晚会，甚至网上已经爆料有哪些著名明星会参加，但是却不知道具体的内容，这就给观众带来一种神秘感。

社群运营者也要遵循这个原则，提前预热，广泛频繁地告知大家，在未来某个固定时间会有特定的线下活动，并且会有大咖级别的嘉宾参加。这样不仅可以制造神秘感，还可以带给大家更多的仪式感。

2. 场景化

在增强仪式感方面，场景化是不可缺少的元素之一，即用户看到某个场景就会立即联想到某个产品。比如，看到飘着满满一层辣椒的火锅，你会很自然地想到怕上火、喝凉茶。当然，每个人的体质不同，凉茶也不一定会去火，但是能够想到这个点，说明该款凉茶已经和"上火"完美地连接在一起，这就是场景化的作用。

3. 互动性

线下活动不一定只是嘉宾的主动分享，社群运营者也可以设计某些环节，让成员参与进来。比如，将成员分组，然后轮流当组长，或举办没有嘉宾参与的成员分享会，让成员间彼此认识熟悉，再就某些主题性问题进行讨论。这是长期的过程，不可能只通过一两次线下活动就达成目标。所以，社群运营者需要设计一些特别的环节，增强互动。

社群运营者将线下活动办得丰富多彩，既有益于社群的发展，也可以发动成员的力量让成员参加进来。更重要的是制定一些有仪式感的流程和特别环节，或游戏或互动或分享，这样既能分享干货，也可以活跃气氛，带动更多围观群众加入进来。

6.5.4 做好会后反馈与引导

在一些大型的活动中，涉及的内容往往非常多，需要社群运营者进行全方位的信息收集和反馈。而且，反馈工作和监控体系贯穿于整个活动，因此，社群运营者不仅要进行反馈总结，还要注意统计成员数据，比如，有多少成员报名，当天有多少人实时签到等。

在满意度方面，可以使用专业的问卷调查工具进行反馈信息的收集。例如，问卷星就是一个专业的在线问卷调查、测评、投票平台，使用方便，还可以直接下载数据进行系统分析，具有效率高、质量高、成本低的优势。

其中，一个重要问题就是成员通过什么样的渠道进行反馈，除问卷星等专业工具之外，社群运营者还可以运用社交网络平台。比如，采用社群内的微信群、微博、QQ群等针对性比较强的工具进行信息反馈统计，以开放式的心态对待活动过程中以及后续可能出现的问题，及时纠正总结才有利于接下来工作的开展。

另外，社群运营者还要安排专人负责整理相关意见和建议，便于优化今后的活动。有了反馈渠道和反馈信息，就需要将其整理出来，做归纳总结。一般来说，归纳总结应该包括五个方面的内容，具体如下。

1. 背景

做归纳总结之前，要对线下活动进行总体的回顾，对于不了解相关细节或负责其他项目的社群运营者，这项工作既是对自己的阶段性反馈，也可以给其他同事提供借鉴帮助的机会。所以，交代清楚线下活动的整体背景非常重要。

2. 目标

目标是指线下活动或方案需要达到的目标有哪些、具体的时间是什么、邀请的嘉宾有哪些、分享的主题是什么。这些细节都应该包括在归纳总结中，以帮助社群运营者了解并掌握相关情况。

3. 效果

效果是指线下活动最终需要达到什么样的效果，必须有数据支撑；对没有达到的目标或效果不理想的部分也要标示清楚，实事求是才能够真正进步。

4. 分析

以数据为例，仔细分析每个数据代表的实际意义，详细列出社群运营者在这个过程中有什么需要改进或疏忽的地方、成员对此有什么意见或建议。此外，还要针对实际的数据和情况做出改进并提出具体的解决措施，既要看到优势也要看到不足。最重要的是，要将本次线下活动的经验运用到下次线下活动中，使合适的意见能够真正落地。

5. 后续计划

后续计划主要是对今后方向的指导意见，如根据线下活动得出的经验，下次线下活动应该如何做更有实质的效果，应该避免哪些问题等。社群运营者在获得反馈信息以及相关数据之后，只有认真详细地总结，才能使线下活动越办越好，特别是在落地实施方面，要保证每次线下活动都有进步，才能使社群越来越规范化，成员也越来越积极。

线下活动的归纳总结既是给领导的回报，也是执行效果最终的反馈。取其精华，去其糟粕是社群和社群运营者进步的重要方式。既然是归纳总结，就需要有一定的特点，社群运营者可以从中整理出经验，优化下一阶段的社群工作。具体说来，归纳总结具有个性化、回顾性、客观性和指导性的特点。

（1）个性化：归纳总结是由社群内的某个活动负责人或团队来撰写，一般来说这些人全程参与了线下活动，能够站在"我"的角度做精准分析，能够直观看到问题和成果，包括成绩、经验、教训等。

（2）回顾性：像年终报告一样，归纳总结更像是回头去看线下活动。在前期更多的是对线下活动进行规划和展望，明确要达到的目标，在结束后则是对线下活动进行回顾。这两部分内容贯穿线下活动的始终，是社群工作的重要部分。

（3）客观性：在归纳总结的过程中，要对过去的实际情况进行真实的记录，将客观因素和主观因素一一列举出来，包括相关数据和线下活动流程，切忌胡编乱造、美化事实，否则会失去原本的意义。

（4）指导性：这点对应的是归纳总结的最后一项，即对后续计划产生的影响。社群举办线上线下活动是为了获得更好的发展，而从实践中获得的经验则对后续工作有指导性作用，以事实为准客观总结正反两方面的经验，社群运营者要给予高度重视。

除了强调归纳总结的好处，还要在形式上有所创新，这样才能更好地知道效果如何。比如，线下活动结束后，在微信群内发起点赞活动，列出工作人员名单，让成员自由选择想要点赞的人，同时向成员发红包，具体金额范围可以根据社群情况而定。这样有利于延续成员的热情和积极性，并且给予突出贡献者实质性的奖励，而奖励的金额和范围由社群和成员协商确定，既能分担支出，也可以获得支持。

第7章

留存：
持续输出价值，沉淀成员

社群经历了前期的吸引与互动阶段后，就进入了留存阶段，这一阶段的主要指标是成员的留存率。社群运营者通过留存率计算公式可以直观感受运营质量的动态变化。保持留存率增长有三大因素，包括优质内容的输出、社群公信力的构建以及粉丝效应与用户认同感。这些因素归根结底都是为成员营造一种归属感，进而为社群变现提供基础。

7.1 留存率计算方法

留存率可以用特定的公式表示，即留存率=参与人数/成员总数，当成员总数不变时，参与人数越多留存率越高。

$$留存率 = \frac{参与人数}{成员总数量}$$

社群的留存问题常用留存率表示，接下来，为大家举一个简单的例子。

2019年4月1日，一款游戏APP正式上线，到5月1日新注册用户增加了500人，其中，在整个5月份启动并使用过的人数是250人，到6月份是200人，到7月份是150人。所以，4月份增加的500个新用户，一个月后的留存率是50%，两个月后的留存率40%，三个月后的留存率是30%。

如果这款游戏APP能够给新增用户带来更优质、更畅快的体验，满足他们的核心需求，那留存率不会太快降低。

前面已经说过，留存率是单位时间内的参与人数与成员总数之比。社群运营者可以从新增成员和活跃用户入手，即成员总数保持不变，只要参与人数增加，留存率也会提高。这就要求社群能够在质量和保留用户能力方面有所突破。

如果将整个社群比作一个水池，留存率随着时间而变动，既有新加入的成员，也有流失的成员。有进有出，但总体上进大于出，这样水池里的水才不会干涸。在这个动态过程中有两个关键点：新增成员和流失成员的数量，优质社群的留存表现是新增成员的数量大于流失成员的数量。而且，单位时间的留存也会有所不同，比如，是日留存还是七日留存，或者是半月留存，又或者是月留存、年留存。

知道了影响留存率的关键因素，就需要对这些因素进行具体分析，以便提高成员的留存率。在留存分析阶段，社群运营者可以从以下两个方面入手。

1. 差异化维度

差异化维度就是采用多角度分析的方式，从各个方面了解留存率的影响因素，包括时间、具体行为等，进而做出相应的调整。以时间为例，社群运营者会对某段自然时间内的留存率进行分析，比如，10月1日到11月1日这段时间内成员的留存状况，以此做出统计并形成报表。同时，还要对成员的行为进行分析，例如，次日留存率低的原因是什么、成员退出社群的原因是什么，成员或没有报名参加活动，或没有按时上交嘉宾布置的作业等。如果是社群方面的原因，社群运营者需要及时跟进，做出反馈。

2. 针对性解决

社群运营者在掌握了留存率的相关数据以后，为了进一步提高运营效果，在对行为分析的基础上，有针对性地解决问题才是关键。当然，一味地追求数据对提高社群运营工作并不一定有帮助，数据只能从绝对性方面反映问题，而社群与成员的实际关系远比这些数据复杂。

比如，对于社群论坛的新增成员这个影响因素来说，社群运营者可以通过监测成员的发帖情况进行分析。例如，一天之内新增了20名成员，这些成员都是由相同的渠道进入，其中，三天时间内看过5篇帖子并立即回复的成员有9名，而只看过1篇帖子的成员是2名。由此可以得出简单的结论，即看帖数量会对提高留存率有一定的帮助。所以，社群运营者要从优质的帖子入手，把握发帖质量。

留存率是社群运营者衡量社群工作质量的工具性数据，具有一定的指导意义。单位时间内留存率高，说明社群的总体运营状况比较良好，反之则较差。

7.2 决定留存率的三大因素

留存率的三大因素包括持续的价值输出和补充新鲜内容、利用社群平台构建公信力、采用强大的粉丝效应提升成员的认同感。其中，最根本的还是要从内容、运营的各个方面提升成员的体验，为社群聚集一批忠实的粉丝，这样的社群才能留住成员，让成员持续创造价值。

7.2.1 持续价值输出，补充新鲜内容

相关数据显示，消费者使用亚马逊Prime会员服务越久，选择续订的可能性越大，也就是说，使用Prime会员越久，留存率越高。这是亚马逊乐意看到的结果，也说明亚马逊作为非常出色的电商巨头和科技企业，在消费者心中具有比较高的认可度。

亚马逊能够吸引消费者获得高留存率，除了先进、高效的物流外，更重要的是抓住消费者的心，驱使消费者选择续订服务。社群运营也有相似之处，留存问题直接折射出社群质量的高低。接下来以APP为例，简单叙述一下留存率的波动情况。

一般来说，留存率会随用户的心理变化而波动。比如，当某个新的APP被用户下载后，在一周之内用户总数往往会呈现剧烈减少的状态，有的用户根本没有打开APP，或者只用了一次即卸载，有的用户则会逐渐爱上它。

随后进入分岔路口，大部分用户会面临留下或离开的选择，有的用户随着对APP功能的探索，发现该APP符合自己的要求，选择继续使用；有的用户认为价值不大，选择离开。这种选择随着与APP关系的远近而波动。

第 7 章　留存：持续输出价值，沉淀成员

走过了分岔路口，留存率逐渐进入比较平稳的阶段，深度使用用户会成为APP的粉丝，甚至铁杆粉丝，僵尸用户选择沉睡，或者直接卸载离开。

用户对待APP的心理变化和留存率的波动也可以反映到社群运营当中，特别是最初一周内的留存变化，一般来说都非常激烈。针对第一天加入社群，第二天就退出，或者是一周以后退出的成员，社群运营者要进行深度探讨：成员为什么刚一加入就退出，有什么办法可以留住他们。

留住成员的一大因素是是否有持续性的价值输出、能否补充新鲜的内容，从价值和内容方面征服成员，及时定期更新内容，为用户输出有价值的内容。具体说来，社群运营者可以从三个方面入手。

1. 社群优势与成员需求

不同类型的社群具有不同的特色和优势，比如，工具型社群是为成员提供专业知识或技能为主，满足成员对知识的需求；产品型社群则是以产品为核心而聚集在一起的忠诚粉丝。所以，在价值输出方面，社群运营者要将社群定位与成员需求相对接。

当社群组织线下活动时，成员参与的热情不高、到场率也不高，排除不可控制的客观原因后，例如天气影响，社群运营者需要思考社群本身的问题。在让成员不满意或不能满足用户需求的地方，社群运营者应该提出更高要求，在充分发挥社群优势的同时，满足成员的个性化需求。

2. 社群运营与潜在势能

满足成员的需求以后，还需要社群运营者挖掘潜在的势能，或者引导成员挖掘自身的潜力，给成员意想不到又有实际需求的优质内容，搭建出更多符合使用场景的价值。

3. 社群态度与用户情感

有价值的输出不一定是有形的实物或专业知识，也可以是一种态度或情

感。比如，社群内部以自由精神为引导，注重成员的自我发展。规章制度相对来说没有那么严格，这就比较适合那些渴望自由而不希望有过多约束的成员。

当然，成员流失是必然存在的现象，就像再优秀的企业也会有员工离职一样。要控制成员的流失率，可以通过观察筛选出更多符合条件的种子成员和铁杆粉丝。因此，成员数量也不是越多越好，如果快速突破百万甚至千万级别，没有好的运营机制，会给社群带来非常重的负担。所以，我们更强调成员的质量，以及对社群所起到的积极作用，而不是单纯强调留存率。

7.2.2 利用社群平台构建公信力

现在，很多人的手机中都安装了多种应用程序，但有些应用程序只是在下载时打开过，之后就再没碰过，这样的行为当然不利于应用程序的发展。业务分析公司Localytics的数据显示，有近四分之一的应用程序在打开一次后就被卸载，可见，用户的留存率确实是个大问题。

应用程序可能不会得到所有用户的芳心，社群也应该懂得留存率背后反映的是自身的问题，本小节将从三方面来重点探讨一下构建公信力的问题。

1. 衡量标尺

社群在运营的过程中，各项工作都要有衡量标尺，这里的衡量标尺不单是各项考核指标，也包括制度的执行落实情况。另外，要对比竞品和相应的数据，这样才能真实感受到社群之间的差距，得出的数据才有权威性。

2. 领导核心

社群的领导核心本身就具有一定的话语权，相应的也会有权威性的元素包含在内，成员会关注这些人的一言一行。所以，社群的管理者要对自己负责，对社群负责，不能夸海口或有不实之处。

管理者在团队前列是为了给后继者起到榜样的作用，发现问题及时沟通解决。特别是涉及利益时，管理者要以公开、公正、透明的态度向成员公示，相关问题征求成员的意见和建议。这样，社群才能让成员信服、有公信力。

3. 正义之气

知名的政治哲学家、美国哈佛大学教授约翰·罗尔斯在所著的《正义论》中指出，"正义是社会制度的首要价值，正像真理是思想的首要价值一样。"理解这句话的同时要结合社会现实，公正不仅是政治的永恒话题，也是社会秩序的基础规范，没有公正就没有社会的正常运转，正义之气也不会惠及更多的人。

社群是一个浓缩型的社会，但又比现实社会更灵活、精准，帮助社群正常运转的条件就是拥有正义之气，包括成员和社群风格。这样，社群才存在真正的公信力，也会影响更多的人，不单单是内部的成员。

综上所述，有衡量标尺、领导核心起模范带头作用，可以形成一股正义之气，社群才有权威性和公信力。在这样的社群中，如果有不合理或与潮流相悖之处，即使没有太多的成员，也会有力量阻止，纠正错误的运行轨道。

7.2.3 强大的社群粉丝效应提升认同感

认同感在很大程度上来源于社群粉丝效应，当粉丝以崇拜的姿态看待某个社群或品牌时，粉丝崇拜的就不仅仅是一个具体的产品或产品本身，而是代替社群或品牌与粉丝交流的人格化形象。

其实，乔布斯时代的苹果就出现过这样的一种形象，即"苹果=乔布斯"，品牌和人格形象的结合。粉丝购买苹果产品时，在潜意识中将苹果产品幻想为乔布斯的人格化替身。因此，粉丝购买的不再是产品，而是一种情结。这也是粉丝对乔布斯个人崇拜的表现之一，并通过购买产品映射了出来。

但是，苹果公司并没有刻意强化乔布斯和品牌之间的形象关联。尤其是在乔布斯去世之后，对他的淡化反而越来越明显，原来"苹果=乔布斯"的时代已经一去不复返。不得不说，这是苹果公司在营销策略上的失误，也是对乔布斯这个天然财富的浪费。究其原因，可能是苹果公司不想在乔布斯去世以后还拿他本人"说事"吧。

苹果公司继任者库克和乔纳森将粉丝营销视为多余之物，反映出来的突出问题是：苹果公司对全球市场营销环境的变化并不是特别敏锐。尽管苹果公司已经自建广告营销团队，但和乔布斯粉丝带来的收益比起来，并没有太多值得炫耀的业绩数据支持。

更让人遗憾的是，苹果公司自建的广告营销团队和其他公司并没有太大区别，尤其是乔布斯已经成为品牌形象的最佳载体时，苹果公司却没有在这方面有过多的作为，反而将重点放在产品和品牌的联系上，赋予了品牌人格化形象，试图让品牌在粉丝面前产生亮眼的特效。

苹果产品虽然是全球智能手机领域中的领跑者，但缺乏故事营销的支撑，粉丝对于乔布斯深度崇拜的观念也在逐渐消失。现在，对于粉丝而言，购买苹果产品的原因可能是"速度快、系统强、操作简便"，而因为"乔布斯的个人崇拜而产生的粉丝情结"正在淡化，从某种角度来说，这是苹果公司没有好好运用乔布斯的个人魅力以及粉丝力量的后果。

在粉丝效应和用户认同感方面，通常的做法是通过加强品牌宣传的力度，加深用户的印象。比如，现在市场上的很多产品或品牌都会邀请明星代言，好处是可以运用明星效应带动粉丝效应，以强化产品的人格化特征。对社群运营者来说，如果没有像乔布斯这样划时代的人物，如何凝聚与动员成员？留存率是否成为难解之题？

从世界大环境来看，全球的发达国家和部分发展中国家正大步跨入移动互联网时代，留存率成为反映成员与社群关系的重要指标，也是反映和见证成员从初期的不稳定到稳定，再到活跃的过程。

第 7 章 留存：持续输出价值，沉淀成员

提升认同感可以形成粉丝效应，这就要求社群运营者从构建粉丝团队和种子成员着手，围绕社群运营工作营造认同感。如果运用粉丝效应提升认同感，社群运营者就需要从营销的多个方面入手，准确连接社群与粉丝。

1. 搭建信任链条

任何营销都是以信任为基础，没有信任就无法产生交易行为。在社群营销过程中，获取符合条件的成员是一部分内容；搭建一条完整的信任链条，形成社群与成员双向互动的可持续循环关系则是另一部分内容。社群运营能够为成员提供良好的展示平台和价值获取渠道，成员信任社群进而形成粉丝效应。这样，提高留存率就有了坚实的基础。

运用粉丝效应能够将这种信任链条转化到线下场景中，通过紧密互动加深关系，社群运营者也可以更加了解成员需求，巩固社群结构。

2. 重视精准传播

精准传播也是形成粉丝效应的一个重要方面。随着成员的不断增加，社群功能也在丰富与完善，相应的数据也在变化。因此，社群运营者要重视传播的精准度和吻合度。

生活中，随处可见的小广告并不能大规模吸引精准人群。社群运营者要认真思考成员的真实需求，当社群传播与成员的偏好吻合甚至精准对接时，粉丝效应才能有驱动力和号召力，留存率在初期才不会急剧下滑，在后期甚至会稳步提升。

3. 做好社群运营

社群离不开运营，运营是社群能够存活的重要支撑力。社群运营包括多项内容，有产品运营、渠道运营、粉丝运营等。从基础层面分析，社群运营者要做好成员的拉新、留存和促活三个方面的工作，这些工作也是提高留存率的重要内容；同时，社群运营者要配合社群的战略核心，促使和推动整个社群向着正确的方向发展。

社群存在的意义是使成员学习到新知识，获得成长和更多的利益价值。而低效率且脱离实际的社群运营工作很可能导致成员将社群屏蔽、拉黑或者直接退出，这样的话，留存率就成为没有任何意义的课题。

所以，社群运营要将粉丝效应作为提高留存率的重要渠道和途径，在价值输出和公信力的基础上，运用粉丝的力量，形成病毒式传播效应。

7.3 社群变现方法

在留存阶段，社群运营者要想办法从各个角度突破限制，为成员找到价值输出渠道，用社群自身的优势吸引成员留下；也可以运用变现的方法为成员创造不肯离开的理由。比如，加入电商、代言或赞助等元素，这些元素能够为成员带来不一样的体验，进而形成依赖性和信任感。接下来，为大家介绍这三种社群变现的方法。

7.3.1 加入电商元素

社群变现道路的第一个元素就是电商。社群电商不是对传统电商的简单翻修，而是将两者深度融合后的立体化延伸，也可以称为一种新的商业经济形态。过去，用户管理倾向于以会员形式进行整合，将用户看作一个单独的个体，分析其行为；而社群与电商的融合是在网络社交的平台上对用户进行深度挖掘，形成粉丝经济。

接下来，以社群电商茵曼为例，为大家解读社群与电商的融合之路。

在天猫双十一的全球潮流盛典上，艺人范玮琪身着一袭白色迪士尼公主裙，优雅从容地客串了模特走秀，她的这身公主裙就是由汇美集团与迪士尼IP跨界合作打造的。汇美集团旗下有茵曼、生活在左、初语等诸多知名品牌，茵曼作为其中一个特色，以独有的棉麻生活创意吸引了众多粉丝。

茵曼创始人方建华推出"茵曼+"概念，开启线上线下全渠道的战略布局，并在全国范围内搭建实体店。在实体店内，消费者可以购买任意产品，包括是服装、衣架、配饰等。这样粉丝就可以在自己的家中复制另一个"茵曼家"。

在线下销售方面，茵曼"粉丝社群"将利益向加盟商倾斜，比如，只要消费者在茵曼实体店有过购物行为即可成为茵曼的粉丝，如果未来继续产生消费，系统将为第一引流的实体店匹配分成。对这种捆绑关系，粉丝可以自主决定延续还是解除。

粉丝是电商的核心竞争力，汇美集团副总裁蔡颖解释说，"品牌发展的未来是打造粉丝社群。让大众认可你的品牌文化，并能够与品牌一起走下去是这个模式的核心。店主让更多的消费者进店，认可店铺的服务，绑定越来越多的粉丝，收益必然越多。因此，我们的核心就是把产品交易过程变成粉丝的交易过程，将传统店铺的理念整个都颠覆。"

线上线下都可以找到茵曼，这就是社群的力量，粉丝可以根据对社群的评价掌握主动权，所以，对于茵曼来说，实体店的数量增长将成为必然，与品牌价值观相符的粉丝会买单。下面，将为大家介绍巧妙打造粉丝群体的三种方法。

1. 明确目标

勒庞的《乌合之众》认为，群体会设置一个既定目标，该目标界定了个人与群体之间的区别，比如，打造一个减肥类社群，社群运营者就必须设定一个目标，如一个月减重几公斤。社群能够持久存在的原因在于提前设定目标，大家向着该目标前进，而不是让大家漫无目的地讨论该做什么事情。社群的电商元素也需要目标，比如，双十一期间线上渠道的销售额是多少，五千万元或者一个亿元？为了实现这个目标，社群电商应该如何布局？

2. 仪式规划

当你通过一个清晰的目标成功号召一群人之后，还需要设置一种稳定的仪式。马云将双十一打造成一个购物节，并且号称要持续100年，就是为了使阿里巴巴的粉丝社群具有强烈的仪式感。同样的道理，仪式化对于社群也具有重要的意义。

快速养成仪式的办法就是在某个固定时间完成相同的事情，习惯成自然。比如，上班打卡就是通过固定参与时间，并在长期的仪式化中让员工形成习惯，降低员工的迟到率。

3. 统计反馈

最后，社群运营者需要及时了解成员的情况，包括成员提出的意见或建议。此外，社群运营者也可以运用特殊的小创意增强成员的荣耀感，比如，360安全卫士会自动统计"击败了全国百分之XX的电脑"，以便充分发挥激励作用，并在掌握相关情况的同时做好反馈。

7.3.2 加入代言元素

韩国连续剧《太阳的后裔》开播后，宋仲基饰演的柳时镇成为众多女性迷恋的最佳男神，宋仲基本人也一跃成为人气爆棚的偶像。网友戏称，宋仲基俘获了从中学生到中年女性各个年龄段的女性的心，其代言的产品也成为众多粉丝和媒体关注的焦点。国产护肤品牌珀莱雅迅速抢占了此波热潮，趁热打铁签下宋仲基为代言人。

如今，签约代言护肤品已经不再是女明星的专属，男明星也成为新的宠儿。比如，韩后重金邀请大热韩剧《来自星星的你》的男主角金秀贤为代言人。2010年，韩后还是一个本土二线品牌，经过几年的形象营销建设，已经覆盖了数千万忠诚的消费者。归根结底,韩后的品牌战略功不可没,特别是肯花重金邀一线明星为自己代言。

由此可见,在品牌建设中,明星代言是非常重要的催化剂,如果营销得当,就会将品牌快速推到消费者面前,并且获得一批忠诚的粉丝。

品牌商邀请当红明星代言无可厚非,但是也要从整体利益考虑,比如,邀请什么样的明星、代言费能否承受、合作模式方面有什么新的创意等。明星不是越红越好,更重要的是与品牌相符,最好能在明星身价大涨前有预见性地签约,后期对品牌建设也有无形的提升作用。

为了使明星代言带来更多有益的结果,在选择明星时,品牌商需要从四个方面考虑。

1. 健康

从大自然和人类的进化规律来看,拥有健康体魄的人往往更聪明,患病概率小,身体和心理都会处于良好状态。明星代言也是这样,品牌商要选择形象健康、积极向上的明星作为代言人,这样的明星能够承受工作压力,向粉丝传递正能量。

2. 美貌

在这个看脸的时代,当然要将美貌作为重要加权项考虑。人们普遍认为,相貌上等的人在同等条件下拥有更多的优势。

3. 人品

品牌商一定要选择人品正直、没有不良嗜好的明星作为代言人,这样的明星工作态度积极、过往历史清白简单。代言人在很大程度上代表了品牌的形象和价值观,必须慎重选择。

4. 费用

费用是品牌商要考虑的重要经济因素，一般来说，人气越高的明星费用也会越高。品牌商要根据自己的实际情况进行评估，综合各项营销因素，制定合适的代言方案，最大限度地发挥明星对产品的带动作用。

以上四项虽然是针对品牌商聘请明星代言的内容，但也适用于社群变现，因为加入代言元素本身就包含明星代言。当然，社群不像品牌商那样，有非常明显的商业目的，但是变现也就是实现盈利的过程。

所以，社群运营者在变现过程中如果要加入代言元素，也要从各个方面考虑代言人以及代言模式与变现的互换关系，既要让成员接受代言内容，也愿意掏钱购买产品，甚至主动向身边的家人朋友推荐。

7.3.3 加入赞助元素

小米曾对外公布了微电影《100个梦想的赞助商》，这是继首部微电影《我们的150克青春》后，小米的第二部微电影。该微电影是为了向曾经默默支持小米MIUI的最初的100位用户致敬，并将这100个梦想赞助商的名字投放在大屏幕上，放映现场，很多米粉都感动得眼含热泪。

该影片讲述了一个关于小镇青年舒赫的故事，他在100个梦想赞助商的帮助下，成功地从最初的洗车工变为出色的赛车手。整个影片采用茶褐色的色调，以极其真实的手法表现了一种虽然扎根于土壤但努力向上生长的力量，也寓意小米的成功离不开这100位用户以及后来千万级米粉的支持。可以说，米粉是小米成长路上的支持者、推动者、见证者甚至参与者。

有了用户的支持和赞助，品牌商才能在市场中站稳脚跟，甚至一跃成长为同行业的佼佼者。赞助这个营销中的关键词非常值得研究。比如，著名零食品牌良品铺子豪掷2亿元赞助《爸爸去哪儿3》。谁能想到，当初一家卖坚果的小铺子已经能掏得起2亿元的赞助费。

当然，赞助高知名度的节目本身也会获得比较高的营销回报，但是，赞助商的实力和执行力才是促进其自身高速发展的有力保障。

湖南卫视《爸爸去哪儿4》由电视转战网络渠道播出，荷兰品牌奶粉诺优能Nutrilon夺得了冠名权。至于冠名的具体金额，官方并没有明确透露，但根据伊利的5亿元猜测，诺优能的冠名费用肯定也不会太低。

高额的赞助费用与节目知名度成正比，知名度越高，赞助费用也会水涨船高。在节目中加入赞助元素，品牌商当然能够凭借节目扩大影响力，使品牌得到最大化地释放，从这个层面来说，赞助商和节目组都会获益。

引入赞助商，能够为节目带来充足的资金支持，对社群营销来说，赞助也是一种重要的变现方法。比如，当社群的微信公众号拥有基数很高的粉丝时，就可以适当植入商业赞助的广告元素，有了赞助商，就会为粉丝购买产品提供一个渠道和途径。目前，线上的宣传方式已经将成本降到很低，比如，在微信群里发一条广告，成本和风险都非常低，但是到达率却很高。这时，社群变现就成为水到渠成的事情。

当然，运营社群不应该从一开始就引入变现模式。因为初期的社群在管理模式和运营制度方面尚未成熟，贸然引入赞助等变现模式会给社群带来不好的影响，比如，成员会误以为该社群只是卖货的圈子，缺乏有价值的内容输出。

所以，社群运营者应该在引入变现模式前，从整体布局出发，注重传播质量。比如，也许你不是罗辑思维和吴晓波频道社群的粉丝，也未加入其中，但只要对社群这个行业有一点了解就肯定听说过。这说明什么？说明这两个社群在某种意义上已经成为业界的典范，因为他们已经成功探索出社群变现的循环模式，而不是简单的离散型商业圈子。

社群要实现变现目标，加入赞助是其中一种方法，但要注意社群形态的三个阶段的问题。按照正常的发展路线，社群要经历从1.0到2.0再升级到3.0的过程,才能谈及变现盈利的问题,即搭建好社群的完整形态,才能够回归和实现商业性价值。

社群处在1.0层次时,面临的主要是生存问题,社群创建者创建了社群的雏形,同时要保证其拥有特色。比如,社群属于某个垂直细分领域,其宗旨是帮助领域内的特定群体提供有价值的信息。这样,社群才能具备存活的可能。

社群处在2.0层次时,商业元素比较突出,比如,社群能够在内部或外部资源中找到可能在未来为产品买单的那些人,这些人不局限于社群内的成员。而且,在信息传播方面,社群已经建立相对稳定的机制,通过微信群、QQ群或沙龙等活动进行信息的传达和兑现,能够在闭环条件下提供持续性的价值输出。

在社群3.0时代,社群可以在平台上实现人与需求的无缝对接,社群为本体,技术为支撑,人为核心,社群进入真正的商业化盈利阶段,这样才能实现社群运营的最大价值。这个阶段的社群已经实现或超出垂直领域的刚性需求,扩展到更为广泛的群体需求,能够以开放共享的形态服务更多的人。

严格来说,社群要在3.0时代才能真正走上成熟形态的变现路线,但社群运营者要在初期为社群注入变现基因,这样社群到后期才会越来越壮大,变现也才能更加顺利。赞助是一个最直接、有效的方法,但社群运营者也要根据赞助的内容、模式以及对社群的影响等进行综合性衡量,只有对各方有利才能达成合作。

第8章

管理：
团队+门槛+规则+KPI

社群要想做大做强和高效、专业管理是分不开的，因此必须重视团队的管理。随着互联网的不断发展，社群也在不断壮大，社群运营不可忽视。那么，如何才能做好社群的管理和运营？本章将就这些问题进行详细解答。

8.1 团队是管理社群的强大基础

好的社群必然有一个强大的团队作为基础。在团队建立初期,首先就是挑选群主,确定一个合适的群主,才能让这个社群有价值;其次,设置专门的管理员去管理这个社群,让社群有秩序;最后还要划分部门,明确每个部门的职责,这样才能使每个部门做到各司其职。

一个没有分工的团队,成员根本不知道自己该干什么,可能看见工作就做,没有工作什么也不做。无论是哪一种情况,都会对社群的效率和质量产生不良影响。

8.1.1 挑选群主、管理员、意见领袖

社群是由群主创建的,作为社群的主要人物,他能够认清社群的目标和任务,明确社群的发展方向。因此,群主的主要职责是负责运营社群、扩大社群规模、提高成员的凝聚力、延长社群的生命周期。群主如果时间充裕,可以对社群进行精细管理,防止社群成为"死群"。

每个社群要想延长寿命,就不能缺少群主的管理,好的群主是建立良好社群的先决条件。作为社群的群主,首先要能够对整体进行把握,其次要能够提高社群管理的工作效率。当社群中有活动时,群主能够高效率地工作,让社群的气氛活跃起来。因此,好的群主管理是一个社群必备的,只有这样才能让社群的生命得以延续。

至于选取群主,可以采用先自我申请,然后投票决定的方法。这样既能调动成员的积极性、提高社群的活跃度,又体现了民主的社群氛围。同时,良好的社群氛围又能增强成员对社群的认同感。而群主主要负责制定社群的管理规

定，组织管理员保证社群的正常运行。

管理员主要负责管理日常事务、维护秩序、回答成员提出的问题。管理员的工作质量越高，社群的管理效果会越好。在社群管理中，意见领袖也是不可或缺的，意见领袖的信息量大，对于信息的传播有着重要的作用。

设置管理员以后，社群运营者应该做好管理工作，一般分为以下4种。

（1）拉新工作，在招新时负责拉人；
（2）内容工作，每周固定的时间发送内容；
（3）活动工作，组织策划线上线下活动，增加成员的黏性；
（4）广告监测，当有人在社群里发广告时，专门警告或踢除。

以前这些工作都是由群主来做的，在增加了管理员后，可以分工去做。给群主减轻负担的同时，还能够更好地服务每位成员，增加成员的黏性。

社群的意见领袖必不可少，他们有着重要的作用。一般来说，意见领袖在社群中的活跃度和积极性比较高，有自己独到的见解，经常帮助管理员维持社群秩序，提高社群的活跃度，并且在社群中有一定的影响力和知名度。

8.1.2 划分部门，明确职责

团队搭建好以后，就需要划分部门，明确每位管理员的职责。职责分配到每个人后，要明确自己的任务。群主在信息传达、团队素质、执行能力方面都要有一定的保证，要对社群工作有总体性把握，保证每一项任务能够快速、及时地传达给执行者，了解任务执行的进展，确保团队能力突出。

初创型社群人数比较少，管理方便，可以只设置二级制管理模式，只有群主和成员的等级区别，这也是社群的自然选择。随着成员的不断增加，就需要有专门的团队进行管理，只有这样，才能把社群管理到位。

例如，季风书园作为一个社群就是通过部门划分明确各级职责，实现了成功运营。社群共分为核心层、管理层、志愿者层、社群成员几个部分，并且需要定期举办研讨会促进各层级的交流合作。

（1）核心层：核心成员在整个社群运营中起到领导作用，在活动中负责主题设定，对社群运营、社群价值观有较深刻的研究。

（2）管理层：在社群运营中，管理层主要负责项目的具体实施及监督工作。社群和贴吧类似，也需要管理员对其进行管理和维护，例如，及时清理滥发广告的成员、规定禁言时间、按时发布详情、调动社群气氛等。

（3）志愿者层：由于社群的管理员有限，社群志愿者也可起到维持社群秩序的作用。作为社群管理层的补充，这些志愿者不仅可以维持线上活动的秩序，还可以在线下活动中起到协助作用，共同推进社群的发展。

总之，社群运营者对团队进行部门划分，明确各自的职责，有利于今后社群的健康发展。

8.2 设立门槛，提升社群的价值

社群必须要设立门槛，这不仅可以让成员了解进入社群的难度，更能筛选出符合条件的成员，最主要的是可以提高成员对社群的重视程度，起到管理约束的作用。另外，设立门槛有助于使成员和社群的价值观保持一致，提升社群的价值。如果不设置任何门槛，成员的质量就会下降，高质量的成员也无法进入社群。

8.2.1 付费是最好的门槛，但应自愿

付费根据不同的价值或形式来设立，比如，设立为参加了某项课程后才可以入群。付费是最好的门槛，这种形式归根结底是利用有效的门槛来约束成员的部分行为。但付费应该是成员自愿的，而不是强制的。

秋叶PPT就是典型的代表，网易云课堂上名为《和秋叶一起学PPT》课程上线后，在一个多月的时间里销售额突破10万元。这里的课程虽然是付费的，但因为对社群初学者有很好的借鉴作用，所以销售量可观。

社群品牌罗辑思维刚上线时，没有向成员收取费用，在免费积攒了一定的资源后，才开始推行会员模式。第一期普通会员有5000个，每个售价200元；铁杆会员500个，每个售价1200元，不同等级的会员会享受到不同的服务。

由此可见，成员愿意为有价值的服务付费。对于社群运营来说，付费可以提升成员的黏性，增强成员对活动的参与度。

8.2.2 邀约或完成任务加入

群主或管理员的邀约也是让成员进群的一种方式，但邀约要注意成员的质量，不能一味地追求数量。因此，群主或管理员在邀请成员前需要对成员有一些了解，从而减少管理者审查新成员的工作量，这在某种程度上节约了时间和精力。当然，邀约的成员一定要有质量保证，他们的任务就是进群后可以为社群创造价值，否则社群将失去存在的意义。

有些社群需要成员完成某项任务才可以进入，比如，需要关注这个社群所创建的微信公众号。社群可以采用这样的形式让成员加入。正因为有了这样的一个门槛，社群的所有成员的价值观才能一样，这有利于凝聚社群人心、活跃社群气氛，为以后成员的管理打下基础。

8.3 制定规则，让管理精细化

俗话说，没有规矩不成方圆。一个社群要想有良好的运行模式，就必须有良好的规则以及精细的管理。只有这样，才能确保社群有序地运行。一些有经验的社群从业者表示，一个社群的寿命不仅会受到内容和质量的影响，还会受到管理方面的影响。要想延长社群的寿命，除了输出高质量的内容之外，还要实行精细化管理。

8.3.1 内容发布的禁忌与奖惩规则

在社群中传播某些具有原则性错误的内容是绝对不可以的。例如诈骗、传播负能量、发表反动言论、发表虚假信息等，一旦发现就必须要果断处理。原则性错误是坚决不可以原谅的，它会对社群成员造成很大的危害，甚至会严重影响到社群的发展。因此，我们在社群中发布的内容必须是正能量的，这样才能营造一个良好的社群氛围。

奖惩规则对成员的行为会产生很大影响。比如，某位成员做得很出色，但却没得到奖励，那他以后还会不遗余力地为社群做事情吗？如果某位成员做了不该做的事情，却并没有受到相应的惩罚，那他是不是以后还会这么做？

因此，制定奖励的时候，要保证既有大的奖励，又有小的奖励。如果全是大奖励，那么奖励难度就会提高，从而让成员失去信心；如果全是小奖励，奖励的难度又太低，很可能会出现每位成员都得奖的情况，从而使奖励成本大大提高。所以必须把握好奖励的标准。

在制定惩罚规则时，一定要循序渐进，不能一棒子打死。如果不是非常严重的错误，并且成员也是初犯，那惩罚就不必太过严厉，适当地提醒或警告就可以；如果第二次出现的话，就要加大惩罚的力度；对于那些屡教不改的成员，必须严肃处理，以免对社群里的其他成员造成不良的影响。

8.3.2 活动的注意事项

活动是提高社群活跃度的重要手段，假如一个社群长时间没有活动或者互动交流的话，成员之间就会变得陌生，这个社群也会逐渐走向"衰亡期"。社群运营者在组织活动时,需要注意几个方面。

(1) 活动的目的:如果一个活动没有目的,那这个活动将毫无意义可言。

(2) 活动的名义:活动在展开前都应该想好它的名义,名义和目的相呼应。

(3) 活动的主题:活动的主题应该有意义,要配合名义、目的而拟定,这样才可以达到预期的效果。

(4) 活动的内容:内容要紧密贴合社群,还要调动成员的积极性、起到活跃气氛的作用。

8.3.3 淘汰机制

社群要有淘汰机制。对高质量的社群来说,成员的自我约束能力往往都很强,但是质量高的成员给社群的贡献就少。给出一定的淘汰压力,会使成员进行有价值的输出。常见的社群淘汰机制一共有5种。

1. 成员固定制

比如秋叶PPT旗下的69群就规定,成员总数永远不能超过69人,如果达到69人,进一个就必须先淘汰一个,淘汰的基本上都是长期潜水或者长期没有参与输出的成员。通过这样的成员调整,保证了社群的更新成长。

2. 违规踢出制

如果成员影响到社群的正常秩序,必须及时制止。如果成员发放和群无关的主题,如垃圾广告,或者影响其他成员的阅读体验,必须采取一定的惩戒。要淘汰成员,事先一定要和成员约定好,提前沟通,初犯可以警告,再犯就会被严格处理。

3. 积分淘汰制

成员经常保持在线的活跃状态，也不发广告，是不是不会被淘汰？当然不是。社群也要看贡献，不是不说话、守规矩就可以。比如，李叫兽的社群"李叫兽研究会"每周都有小任务和作业，成员可以根据完成质量、程度，换取一定的积分。一个周期后，积分排在最后的几位成员都会被淘汰，然后进行新一轮的招募，加入新的成员。

4. 结果淘汰制

学习成长型社群"剽悍一只猫"的22天行动训练营，除了学费还要交押金，押金比学费还高，不能及时完成学习任务的成员的押金最后会被没收。最后的结果决定成员可不可以继续在这个社群里，如果没有达到设定的标准，将会被淘汰出社群。相关数据显示，在"剽悍一只猫"中完成学习任务的成员比例高达97%，很多人报第一期行动训练营，还想再报下一期。

5. 主动劝退制

如果发现社群中有成员喜欢打着分享的名义发广告，或者不经过社群管理者的授权，把社群内容以个人名义发布出去，或者未经授权用社群名义获取现金，这种行为游走在规章制度的红线上，对这样的成员，社群运营者可以选择劝退。

8.4 提炼KPI，掌握管理的效果

社群管理的KPI有：转化率、复购率、活跃度、新增量、活动举办次数、每次活动的参与度、朋友圈点赞数等。作为社群运营者，应该如何设置KPI呢？

社群运营者应该设置一定的KPI，但并不是所有的社群都适合KPI。例

如，有些规模较小且尚未成熟的社群存在很多不确定的因素，所以这类社群就不适合设置KPI，对于这类社群来说，设置KPI不仅不能提高团队的工作效率，还会影响他们的工作热情和积极性。但是，对于规模较大且发展已经成熟的社群来说，如果不设置KPI，团队会变得一团乱，久而久之，社群的正常运营和发展会受到影响。

一般情况下，常见的KPI主要包括以下几种。

1. 活动次数

为了让成员对社群有高度的认可和忠诚，社群运营者应采取相应的维护措施并保持合适的活动次数。为了让成员保持对活动的兴趣，社群运营者要经常更换话题，调动成员的积极性，例如，当节日到来时，让成员参与到活动中，随机挑选礼物，并且要求收到礼物的成员将礼物分享到朋友圈，这样可以让成员积极参加活动。如果增加这种活动的次数，一定会给社群带来新的活力。

2. 成员新增数量

在社群运营上，成员的新增量是一个指标，例如，一些社群特别注重新增成员的数量，每天想着怎么吸引更多的成员，最后反而囤积了大量无效的成员，根本没给社群带来任何价值。因此，对于成员数量的把握要有个度，保证这些成员可以给社群创造价值。

3. 活动参与度

活动参与度是判断社群运营质量的一种极有效的方式。例如，很多社群都把朋友圈点赞数量设置成KPI，其实这样的方式并不合理，因为点赞会导致朋友圈的信任度被严重透支。

举一个例子，大家应该都收到过"麻烦给第一条朋友圈点赞"这样的信息。可是点完赞呢，你们之间的感情更深一步了吗？再过一段时间你还会对这条朋友圈有印象吗？肯定不会。在这个过程中，唯一能确定的事情就是对潜在成员形成了骚扰。因此，不能依靠这种手段来提升社群的活动参与度。

4. 复购率和转化率

如果是产品型或电商型社群，通常都是销售商业化的产品，这种类型的社群应该设置复购率及转化率的KPI。复购率和转化率是判断社群是否健康运行的重要指标，只有这两项指标都达到标准才能让社群获得比较高的收益。

KPI在实施过程中，工作分析是基础。KPI是为某一个"目标"服务的，而不是单独存在的。比如，日资企业看重成本和品质，而美资企业注重创新和品牌建设。社群运营者也会通过多种途径表达他最关注的是什么，抓住最核心的问题，才是KPI最重要的内容。

社群运营不是销售，应该是过程导向而非结果导向。在社群还不太成熟的时候，需要用一些过程导向指标，比如可以试着去了解成员的需求、成员的信息完整度等，只有在了解成员的基础上才能设置更加明确的KPI，维持社群的活跃度，体现社群应有的价值。

第 9 章

传播：
迅速提升社群的知名度

传播是一个社群运行的基础，只有在传播的基础上，社群才会迅速提升知名度。当然，社群知名度的提升还需要运用一些策略，本章将详细介绍如何迅速提升社群的知名度。

9.1 品牌化运作：让社群成为一个IP

打造高知名度的社群、发挥社群的品牌价值，这是每一位社群运营者都希望达到的理想状态。因此，在社群运营的过程中，少不了品牌规划这一步骤，其最终目的是让社群成为一个IP、让成员持续保持较高的黏性、最大化地挖掘商业价值。

9.1.1 品牌社群：良好的团队管理

随着时代的发展，品牌社群的概念和品牌社群的案例已经出现，如罗辑思维、星享俱乐部、宝宝中心等。品牌社群的基础是成员对某一品牌持绝对信任和支持的态度，其建立离不开良好的团队管理。在经运营方面，品牌社群需要有一个明确的方向，营造一个活跃的氛围，这样才能让加入的成员感受到价值，成员才会传播给其他人。

9.1.2 品牌形象：一个有识别度的社群品牌特点

形象是品牌化运作的又一重要内容。任何一个品牌都会有独一无二的形象，这是一个品牌的标识。对于品牌社群来说，需要有一个有识别度的特点，它像人的名字一样，对不同社群起到区分的作用。因此，为了更好地体现社群的特点，给成员留下深刻的印象，社群运营者需要设计一个与众不同的品牌。

1. 保证新颖性

从视觉角度来看，新颖的东西更容易吸引用户的眼球。当用户看惯了千篇一律的社群时，突然有一个新的社群出现在眼前，绝对能产生意想不到的冲击力。所以，对于社群运营者来说，新颖性是一个十分重要的因素。

2. 使用独特的社群名字

在这个社群已经遍布互联网的时代，社群的种类层出不穷，优质的社群也变得越来越多。因此，想在市场中分得一杯羹，社群运营者需要给社群取一个独特的名字，这个名字在很大程度上体现了社群输出的内容。

很多社群的名字非常人性化，让人感觉就是真实的场景。例如，有一个专门给小朋友讲故事的社群叫凯叔讲故事，听到这个名字会让人感觉很亲切，觉得似乎有个人就在你身边讲故事一样。

3. 满足成员的需求

社群最大的特点就是要人格化，而人格化就是要最大限度地满足需求。因此，社群运营者要想建立社群的品牌形象，必须满足绝大多数成员的需求。

9.1.3 共同信仰：共同的意识及责任感

打造品牌社群的另一要点是为成员树立共同的信仰。社群如果缺乏信仰，就意味着成员之间没有共同的意识和集体责任感，在这种情况下，社群难以得到长足的发展。因此，本小节要为社群运营者讲述共同信仰的重要性，以及如何为成员树立起共同信仰的问题。

从心理学角度来看，在共同信仰的推动下，成员会对社群产生一种极强的认同感。社群是品牌与消费的融合，当成员认定了社群所塑造的理念以后，对社群中出售的产品的主观认同感也会变得更加强烈。在这种主观认同感的驱使下，成员最终会成为社群的忠实拥护者。

由此可见，消费目的、消费刺激和消费支持都是影响购买行为的因素。为成员树立共同的信仰，就是引导成员形成一样的消费目的。社群可以通过提供一样的刺激来促进成员做出购买行为。

对于社群运营者来说，最重要的问题是如何树立共同信仰，引导成员产生共同的意识和责任感。关于这个问题的答案，可以从独特的品牌内涵、可识别性、品牌文化及成员的参与欲四个方面分析。

独特的品牌内涵既是一个社群区别于其他社群的标志，也是为成员树立共同信仰的保证。独特的品牌内涵包含丰富的内容，如前面提到的品牌故事以及品牌设计理念等。一旦这些要素引起了成员的共鸣，就会促进共同信仰的形成。

可识别性是社群的重要因素。社群的差异化越明显，越容易在成员心中产生独特感，从而增强成员的认同感和黏性。

值得注意的是，在品牌社群的打造中，品牌文化也是非常关键的环节。缺乏文化沉淀的社群，很难成为一个品牌社群。文化虽然是一种看不见摸不着的东西，但其所具有的力量能够影响成员的实际行动。

当然，如果没有成员的参与，即使以上三个方面都准备妥当，也难以达到目的。因此，社群运营者还需要刺激成员的参与欲。具体来说，可以开展一些线上活动，如有奖竞猜、有奖转发等，吸引成员参与进去，从而更好地理解并树立共同信仰。

9.1.4 衍生布局：社群—社交—交易—回馈

品牌规划可以概括为从社交，到交易，再到回馈的过程，这是社群的衍生布局，也是社群得以长足发展的前提。本小节将针对此进行详细分析。

按照品牌社群存在的形态，可以将其划分为实体品牌社群和在线品牌社群。实体品牌社群是指成员经常能进行面对面交流的社群，其活动通常是线下交流或集会，如吉普品牌社群、哈雷品牌社群等。通过开展活动，让成员交流对品牌的态度和心得，这是增强成员对品牌认可度最直接、最有效的方式。

在线品牌社群如其名称，主要以互联网为载体，例如星战迷、StarTrek

等。在线品牌社群通常会有自己的论坛，成员可以在其中沟通和交流。

社群运营者对品牌社群进行定位时，可以从四个方面进行思考。

1. 社群价值

一个好的社群，尤其是一个品牌社群，都具有某种价值。如知识型社群——罗辑思维，为成员带来精神上的支持与享受；母婴类社群——小小包麻麻，为成员提供极具指导性的母婴知识；财经类社群——吴晓波频道，为成员提供财经知识。总之，优秀的社群可能所属的领域不同，但都有一个相似点：内容具有一定的价值，成员也正是冲着这一价值而加入社群的。因此，价值定位就显得非常重要。

2. 社群吸引力

打造品牌社群的最终目的是推动成员的发展，实现自身价值。在这种情况下，社群运营者还需要考虑产品对成员的吸引力。社群运营者根据社群的价值来定位社群的类型，比如，社群提供的是母婴类内容，应该体现出和其他社群不同的地方。

3. 如何输送品牌价值

社群运营者选好产品后，就应该考虑如何输送产品的品牌价值。同样都是社群，有的社群进群需要缴费，而有的即使不缴费也没有人愿意进。这就说明不同的社群所体现的价值是不一样的，成员能在社群中学到的知识也是不一样的，这是由品牌价值的传输效果导致的。要想保证品牌价值的传输效果，社群运营者需要结合成员的定位和社群的特点进行思考。

4. 人力、物力支持

运营一个社群，必须要有管理者。另外，为了调动成员的积极性，开展线下活动也是必要的项目之一。显然，前者涉及的是人力因素，后者涉及的则是物力因素。缺乏这两者的支持，社群运营难以取得较好的效果，更不要谈实现目标了。

阿里巴巴也在分享社交这一蛋糕，比如，支付宝加好友集五福、瓜分2亿现金红包等，这说明社交功能具有巨大的衍生力量。社群运营也是如此，打开社群的社交功能是非常关键的环节。让成员实现与社群运营者之间的沟通，这是调动成员积极性、培养成员信任度的有效方式。在此基础上，向成员出售产品，就会变得更加容易。

当成员的依赖性逐渐培养出来，成员对社群的黏性提高，社群的交易工作成为水到渠成的事情，社群的目标也就得以实现。在这个过程中，社群运营者既得到了经济上的回馈，也将社群的品牌很好地传播给其他人，帮助社群获得了很好的品牌效应。这可谓是一件非常圆满的事情。

打造一个品牌社群，步骤虽然繁多，但优势也非常明显。社群运营者从品牌故事的塑造、品牌形象的设计入手，为成员营造一个区分感及信仰感十足的社群，最终会在这一行业中取得良好发展。

9.2 社群品牌文案设计

社群运营的最后一个核心步骤是文案设计与后续推广，这两者是紧密相连的。设计好文案后，需要推广才能让文案发挥应有的作用，才能实现社群运营的目的。文案大致有四种形式，分别是预热型、开场型、报道型、亲身经历型。而后续推广可以选择媒体网站、博客、公众号、朋友圈等渠道。本节将对四种文案设计的类型以及推广渠道进行一一介绍。

9.2.1 预热型：向成员传递正在发生的感觉

预热型文案的重点在于向成员传递正在发生的感觉，通过对成员传递这种感觉，达到吸引成员参与的目的。显然，这需要在文案中展示极具吸引力的内容和社群的特色。这种预热型文案不仅体现在社群运营中，在很多产品营销中也被广泛使用。

自从微博这个社交平台得到广泛认可后，各大商家，尤其是手机厂商，都会在新品发布会来临之际，在微博上进行预热宣传。比如，小米在手机新品发布会举行之前，先在微博上发布了一系列预热宣传广告，现在我们一起来看看。

"如蝉翼""有来头""若鸿毛""不同凡""喜临门""刀斩麻""操胜券""明天见"这些宣传语是小米手机预热文案的内容。之所以这些文案能引起用户极大的关注度，是因为这些广告语的选择非常巧妙。当用户看到这些三字组的宣传语时，脑海里会不由自主地将它们补充成完整的四字成语。而这些宣传语被补充后，就变成了"薄如蝉翼""大有来头""轻如鸿毛""不同凡响""双喜临门""快刀斩麻""稳操胜券"。

如果将补充出的字集中起来就是"薄""大""轻""响""双""快""稳"，这些字都在描述手机的性能。这就如猜谜语一般，让用户自己从中找出文案设计者要表达的内容。这样一来，既让宣传变得十分有内涵，也使广告具有趣味性，用户的好奇心也因此被调动起来，很好地为小米手机新品发布会造势。

魅族手机在其新品发布会之前，发布了一组别具匠心的预热文案。文案的内容是这样的，"魅族MX系列第5款产品；即将为你呈现4个世界领先；第3次发布会，还有更多想对你说；时隔2月，同一地点，不同震撼；魅族唯1年度旗舰亟待绽放"。

在魅蓝新品发布会之前，魅族同样推出了一则预热文案。它的内容是，"千元机就是卡？再等5天，重新定义千元机，喜欢就好""千元机就是慢？再忍4天，重新定义千元机，喜欢就好""千元机就是丑？再熬3天，重新定义千元机，喜欢就好""千元机就是小，再苦2天，重新定义千元机，喜欢就好""千元机就是糙,再骂1天,重新定义千元机,喜欢就好"。

看完魅族的两则预热文案后,读者会发现,不论是MX系列手机的预热文案,还是魅蓝的预热文案,它们的共同之处在于:通过与老款手机或者其他品牌手机的对比,突出了新款手机的优势,这会使看到文案的用户对魅族即将发售的产品产生强烈的好奇心,最终使产品达到预期的销售目标。

在小米的预热文案中,主要体现的是即将发售的产品的优势;而魅蓝的预热文案则是将人们对千元机的吐槽收集起来,告诉用户魅蓝克服了其他千元机的劣势,将要重新定义千元机。不论是像小米一样直接突出自己的优点,还是像魅蓝一样委婉地展示自己的优势,都是预热文案的常用方法,非常值得学习和借鉴。

社群运营也是如此,当社群运营者对社群进行宣传时,运用预热型文案是可取的。预热型文案注重的是潜在影响,所以,在设计的过程中,应该要把握一个原则:暗示成员加入社群后能得到的价值。预热型文案不是为了能立马见效,而是为了造成一种潜移默化的影响。

作为社群运营者,在设计预热型文案时,要把握两个要素。

1. 主题

在前面章节中已经讲过,每个社群都应该有一个专一的主题,这是吸引成员最本质的内容。因此,在设计预热型文案时,将社群的主题融合到预热型文案中,既能通过有趣的文案吸引成员,又能通过符合成员需求的主题让成员坚定加入社群的决心。

2. 优势

优势是成员加入社群后的好处,利益是驱动人们做出各种决定的关键因素,当成员觉得加入社群于自己有益时,他们就会加入。针对这种心理,在预热型文案中突出成为成员的好处非常重要。例如小米在预热型文案中告诉用户，新产品能让用户体验到更快、更稳的性能，以及新产品有更薄、更大的外观。

通过直击成员痛点的优势描述，让成员对自己的产品欲罢不能，这是社群运营者在设计预热型文案时要注意的内容。同时，一个社群能为成员带来的优势，也是一篇文案的亮点。

对于宣传社群来说，预热型文案具有众多的优势。发挥这种优势的前提是社群运营者对目标进行分析，并且严格按照预热型文案的设计要素来进行。

9.2.2 开场型：以传递价值为宣传核心

开场型文案具有直接、干脆的特点，这种文案能够快速传达宣传的内容，迅速起到宣传效果。因此，开场型文案以传递价值为宣传核心，这个价值既包括社群本身所具备的价值，也包括社群为其成员所带来的价值。由此也说明，这种类型的文案主要适用于具有明确价值观的群主、具有突出价值贡献的社群。

开场型文案不仅可以在社群运营中应用，在产品营销中也得到了广泛使用。因此，对于实力型的产品，具有过硬的实力，经得起时间的考验和实践的检验，那么直接展示自己的功能、性能就非常具有说服力。只有名副其实，才能得到用户的长久信赖。

格力作为空调市场的老品牌，一向以过硬的质量说话。因此，格力的宣传文案是："格力，掌握核心科技。"这句宣传语向用户传达的是"人无我有，人有我精"。可以说，核心科技既是格力的卖点，也是格力所具有的核心价值。核心科技这几个简短的文字所代表的分量可不一般，这几个字也不是随随便便就能自诩的。

所以当格力用这样直接的字眼作为自己的宣传文案时，能够从眼花缭乱的文案中脱颖而出，用户也会被这样霸气的宣传征服。总之，开场型文案以亮明价值为核心。从BBS、贴吧到微博，从微信到兴趣部落，伴随社群名称发生改变的同时，社群所带来的实际作用也超乎了人们的想象。社群的连接效果不断优化，对价值传播的作用也越来越明显。社群操盘手只要把握好总的原则，以传递价值为宣传核心，设计开场型文案就能达到社群运营的目的。

9.2.3 报道型：亮点、差异点、价值点

第三种类型是报道型文案，其核心是重点展示社群的亮点、差异点、价值点。这方面的内容是社群的特色，也是社群能吸引到成员的重要因素。因此，将亮点、差异点、价值点作为文案设计的主要内容，是社群运营的一个可行之法。

1. 亮点

将社群独具特色的内容写入宣传文案中，为宣传文案营造出亮点，这是一种引人关注的有效途径。宣传文案的亮点营造可以从两个方面展开：一是能击中成员痛点的内容，二是能引起成员共鸣的内容。成员的痛点就是成员最想解决而又得不到解决的部分，将这部分的内容写入宣传文案中，成员的注意力自然就会被吸引，宣传的目的也能轻易达到。

2. 差异点

人们之所以会加入一个社群，是因为他们希望能从社群中收获一种技能或是一些技巧。在这种明确目的的驱使下，人们在选择时会反复对比，最终找到符合自己需求的社群。所以，在设计文案时，明确体现社群与其他社群，尤其是其他同类社群的区别，这是非常有必要的。

以创投平台为例，一般的创投平台会收取交易佣金，而创投圈则免除交易佣金。这一消息宣布后，将会有更多需要融资的创业平台以及创业者寻求与创投圈合作。创投圈能够在仅收取创业平台以及创业者的收益分成的情况下，依然获得盈利。由于合作的创业平台越来越多，创投圈的收益不会因为免除交易

佣金而减少，反而会因为收益分成的增多而变得更加丰厚。

创投圈能吸引到很多的创业平台以及创业者，是因为它有着与其他创投平台不一样的地方，即免除交易佣金。因为这个差异点的存在，让创投圈拥有了更多的合作用户，也为创投圈带来了更大的收益，促进了创投圈不断向前发展。同理，如果一个社群有明显区别于其他社群的差异点，并将之呈现在宣传文案中，这也是吸引成员的又一法宝。

3. 价值点

当人们被文案中的亮点吸引，且看到你的社群与其他社群的差异点时，他们并不会立刻加入你的社群，因为他们还没有看到社群的价值点。

每个社群在建立之初，都会有一定的目标和价值。但这些内容不能仅仅只让社群运营者知道，还要告诉每一位潜在成员。那么，如何才能让潜在成员知道呢？通过宣传文案广而告之，这也是将潜在成员转化为成员的有力武器。

在报道型文案中，要展现社群的亮点、差异点，亮出社群的价值点。这样，宣传的效果达到了，成员也能不断增多。

9.2.4 亲身经历型：感受+收获+支持

对于有丰富经验的社群运营者来说，设计一篇亲身经历型文案也是一个不错的选择，这样的文案更具真实感，更能打动人。在设计亲身经历型文案时，要从自己的感受、收获以及所得到的支持这三个方面入手。

相信大家会有这样的体验，在网络上浏览文章时更容易被撰稿者的亲身经历所吸引。因为这样的文章比较接地气，读者能从中找到自己的影子。

一些广告可能会让消费者产生反感情绪，即使是文案型的广告，如果过于直接，也会让消费者产生厌恶感。但是，优秀的文案设计者能有效规避这一问题，将广告的场景设定在自己身上，以一种亲身经历的口吻进行宣传。这样既能增加广告的真实性,又能降低人们的反感度。

有一则宣传祛痘产品的文案是这样写的:"有一个朋友,她皮肤白皙,五官精致,是一个不折不扣的大美女,从小她就因为高颜值获得了很高的关注度。但是,噩梦突然降临。今年20岁的她,长了满满一脸的痘痘。用了很多产品,痘痘丝毫没有要消退的意思。最后连中药也喝上了,痘痘却越战越勇。本来学习成绩优异的她,因为痘痘的困扰,成绩出现了下滑,满脸的痘痘让原本貌美的她失去了信心。

后来经朋友的朋友的介绍,用了这款祛痘产品。不到两个月的时间,顽强的痘痘消失得无影无踪,连她最为担心的痘疤也得到修复。久违的笑容终于又在她的脸上浮现开来,往日的自信也重新被找回。在身心愉悦的状态下,她的成绩又得到了稳步提升。看到她笑了,我也由衷地为她感到开心。"

虽然这则祛痘产品的文案说的是文案设计者朋友的事情,但由于是发生在文案设计者身边的事,因此这篇文案也属于亲身经历型文案。看完这篇文案,相信大家不会产生反感情绪,而是会对产品产生信赖感。痘痘对于相貌所造成的影响是无法被容忍的,很多人会选择这样一种产品来战胜痘痘。

在社群运营中也是如此,当你设计了亲身经历型文案后,更能打动成员。亲身经历更具有代入感,会让成员留下深刻的印象,也会让成员对问题有着更深刻的认识,引发成员做出实际行动。所以,亲身经历型文案在社群运营中能起到明显的效果。

9.3 传播渠道:媒体网站、公众号、朋友圈

设计好文案后,社群运营者应找好传播渠道,这样才能让更多潜在成员看到文案,了解社群的存在,从而达到吸引流量的目的。传播渠道既可以选择线

下模式，也可以选择线上模式。其中，线下模式主要是采用发放宣传单、张贴宣传海报、悬挂横幅等方式；线上模式有很多，可以在新媒体网站上发布文案，利用博客、微博、公众号、朋友圈等发布文案。在此，我们主要讲讲如何运用线上模式作为传播渠道。

9.3.1 媒体网站

媒体网站作为文案的传播渠道，具有五个方面的优势：一是传播的范围非常广；二是发布宣传信息非常便捷，还能及时收到反馈；三是宣传的内容可以有多种表现形式；四是可以为宣传信息找到精准的阅读用户；五是从费用方面来考虑的，相对其他形式的宣传途径，媒体网站的推广成本更低。

在通过媒体网站做传播时，SEO（指搜索引擎优化）优化非常重要。SEO优化就是搜索引擎优化，目的是利用搜索引擎的规则来提高文案以及社群本身在线上的排名。此外，SEO优化还可以增加特定关键字的曝光率，为社群创造营销的便利条件。

SEO优化以搜索引擎营销为指导思想，贯穿于媒体网站策划、建设、维护的全过程。从整体上看，SEO优化包括很多完整性服务，例如，良好的访问速度、简洁大方的模板、便捷的沟通平台、优质的产品展示版面、其他文字综合（标题、关键词、长尾词、内容明确性描述）以及有实质内容的文案设计等。

如今，SEO优化已经成为一种趋势，所以，我们应该根据行业和社群的特征，直接瞄准用户的需求和偏好，然后在原有资源的基础上进行持续传播和推广。只有这样，我们才能把SEO优化搞活，从而开创更多的营销机会。

9.3.2 公众号

近年来，微信俨然已经成为一个全民社交平台，公众号也进入快速发展时期，在这种情况下，使用公众号作为传播渠道非常合理。不过，在通过公众号做传播时，需要掌握几个注意事项：文章标题具有吸引力，文章内容具有真实性，给出与社群相关的链接。

世界著名咨询公司麦肯锡曾经总结出三秒钟原则，即人们在谈话的过程中，会对前三秒钟的内容留下深刻的印象。同样的道理，为了吸引用户的注意力，公众号的文章标题也要短小精悍，争取做到看一眼就能有所收获。

至于文章内容具有真实性，原因在于开通公众号的目的是宣传社群，如果达到了好的效果，那么就会有大量的用户加入你的社群。若文章中的内容失真，那用户在成为社群成员后肯定就会发现。这样一来，你的形象就会受损，最终导致社群成员纷纷离开。

当用户看了你的公众号，读了你的文章以后，很可能会对你的社群产生兴趣，而且，其中的很大一部分甚至希望对你的社群有进一步的了解。那么，这些用户应该如何去了解呢？这时就需要你为他们提供一个链接，把完整的社群信息展示出来。

9.3.3 朋友圈

对于普通用户来说，微信是日常生活中主要的社交工具。从小学同学到同事，从亲戚到只有一面之缘的人，都会出现在微信好友中，亲朋好友都会在朋友圈分享自己的动态。因此每天刷刷朋友圈，就能知道这些亲朋好友的最新情况，这也是与亲朋好友保持联系的方式。在这种情况下，将朋友圈作为一个文案传播渠道，是一种较为合适的选择。

要想让大家牢牢记住你的文案和社群，那在设置朋友圈名称或者选择朋友圈背景图片的时候，最好把一些重要信息展示出来（比如 "罗辑思维"—罗振宇）。总之，作为一名社群领袖，你的朋友圈最好成为一个营销入口。

一个皮卡车社群的群主，朋友圈背景是一个开着自己爱车的图片，是不是想想就很有感觉。所以，在选择朋友圈背景图片的时候，要考虑好是不是符合社群的主题和口味。如果判断不好的话，那就选择社群的Logo或者文案中的插画，这也是不错的做法。

另外，我们还要把握好发布朋友圈的次数和频率。有些社群的群主，基本上每周都会发布朋友圈，内容大多都自己的原创文章、宣传文案，或者是活动、演讲、会议的照片。由此来看，群主的一项重要工作就是经常通过朋友圈刷一刷存在感。

综上所述，文案的传播渠道有很多，各种传播渠道都有自己的独特之处。社群运营者应该尽量了解各种传播渠道的优势，这样才能运用好这些不同的传播渠道，让宣传和推广达到最佳效果。

第10章

矩阵：
让社群实现从1到N的裂变

不同的社群布局模式有不同的呈现方式，这是创建者需要思考的重要问题，比如，社群应该以跨界覆盖的平行模式还是同界核心的递进模式布局。另外，社群布局的最终目的是什么，提高市场占有率还是超越竞争对手，如何布局等也非常重要；同时，社群运营者也要擅于运用成员在社群布局中的作用。

第10章 矩阵：让社群实现从1到N的裂变

10.1 社群布局最终目的

对社群实行全方位布局的最终目的是让社群更有竞争力和生命力。对此，社群运营者要适时引入社群市场占有率的指标，对社群在市场中的总体情况有所掌握和突破。另外，还要使社群在规模上快速超越竞争对手，这样才能真正赢得主动权。在矩阵布局方面，可以向优秀社群学习，取其精华。当然，社群运营者在学习时也要结合社群的实际情况。

10.1.1 引入社群市场占有率考核

市场份额也叫市场占有率，是产品销售量在市场同类产品中所占的比重，该指标能够直接反应消费者对产品的满意程度，也代表了产品在市场中的地位。市场占有率越高，产品对市场的适应能力越强，消费者的购买意愿也越强烈。

由此可见，产品的市场占有率非常重要，为了提高这一指标，企业会采取一系列的措施。在具体操作上，从产品到营销再到战略体系都会围绕市场占有率进行全方位改革和调整。可以说，对于企业而言，市场占有率具有一定的指向性。

市场占有率包括两大关键因素：数量、质量。数量就是市场占有率的多少，是从宽度范围来衡量产品的市场竞争力；而质量则能反映市场占有率的含金量。因此，优化市场占有率的质量很有必要，具体方法是提高消费者的满意度和忠诚度。消费者对产品或品牌的满意度越高，忠诚度越高，其市场占有率的质量也就越高。

从公司化的角度分析社群运营，社群也应该引入市场占有率这一考核指标。社群是在相对封闭的环境下进行的集体运作，要为成员提供内容，社群运营者要对社群的各个方面负责，这本身就是一个公司化模式。

而在社群的市场占有率方面，可以从社群内部着手，切入考核指标。社群运营者在提高社群的市场占有率时，需要注意以下三点。

1. 成员数量

有数量才有质量，尤其是初创型社群，吸引更多的成员加入是当务之急。只有在成员数量达到一定标准后，才能谈社群的下一步运营。所以，社群运营的基础指标就是成员数量。值得注意的是，不是单纯把成员拉进社群就完成了任务，社群运营要有一种使命感，和成员培养长久的感情，使社群即使有流失也能迅速补充新鲜的血液，保持活力。

2. 社群规模

社群规模大小不一，但小规模的社群不代表市场占有率低。社群运营者要明白，社群能否真正强大起来，关键在于运营的好坏。在体系构建完整的条件下扩大规模，但不以规模作为唯一的依据，要将运营作为同等重要的考核指标，提高社群的核心价值。

3. 对外宣传

一般来说，社群创建者是社群的灵魂人物，具有独特的魅力和号召力，社群在运营过程中，要运用这个优势条件，扩大对外宣传的力度和范围，提高知名度和影响力。成员是社群不可分割的组成部分，而活动贯穿于整个社群的运营。因此，在进行市场占有率考核时，要综合分析人数、规模、知名度等指标，以扩大市场占有率为总目标，提高社群的整体质量。

10.1.2 如何在规模上快速超越竞争对手

目前，比较成功的社群案例要数"死磕自己，愉悦大家"的罗辑思维。跟

第10章 矩阵：让社群实现从1到N的裂变

着"互联网+"的浪潮，社群也逐渐过渡到用互联网思维武装自己的时代。社群的数量越来越多，企业、自媒体也都开始搭建自己的社群，线上+线下的模式成为很多社群的基础玩法。

同时，赋予品牌力量，注重与用户的深层次互动成为社群的新趋势。那如何在数量众多、品类繁复的社群中脱颖而出，在规模上快速超越竞争对手，成为许多社群运营者面临的重大问题。明智的社群运营者不会一味地拼人数，而是针对社群的独特性质和目标定位，实施属于自己的规模化战略。

在社群真正壮大且遍布全国之前，必须有一个良好的运作体系，具体如下。

1. 用户需求方面

社群运营者根据社群定位制定满足成员真实需求的方案，并且落地执行。比如，一个瑜伽学习型社群，目标成员多数为都市年轻女性，她们学习瑜伽是为了实现减肥、健身、提升生活品质的目标，社群运营者可以以这些目标为出发点，倒推运营方案。如录制瑜伽学习视频用于线上活动，开展瑜伽线下交流；还可以穿插养生、插花、绘画、心理学、家庭管理等内容，一站式解决成员的需求。

2. 用户管理方面

社群运营者根据社群和成员的实际情况，充分调动成员为社群服务的热情，特别是一些铁杆粉丝成员。比如，在线上为线下活动招募志愿者，发挥成员的自身优势资源，帮助提高社群运营者的工作效率。为便于社群管理，一个微信群的成员数量要控制在合理的范围内，并不是越多越好。同时，社群运营者要注重管理成员的情绪，以情感沟通为主，解决成员的心理负担，做到既有利于社群的发展，又能激发成员的积极性。

3. 奖励机制方面

社群运营者设计一套奖励机制，可以是现金红包，也可以是实物奖励。最重要的是奖励机制要真正起到激发成员积极性的作用。比如，对优质内容的输出者，社群运营者要给予适当的奖励，特别是在公开场合，可以通过发公告的方式，增强被表扬者的荣誉感。

4. 考核指标方面

上一小节提到了市场占有率的考核指标，而这里的考核指标侧重于社群内的具体数据，比如，社群在单位时间内的新增成员数量、周活跃成员或月活跃成员的比例、产品订单量等。社群运营者通过这些数据掌握社群运营的情况，做到任何波动都可以及时监测。同时，对一些不适宜用数据表示的问题，要以实际运营效果说话，如果可行，可以继续实施。这个方法在运营的初期有利于把握社群的细节。

以上四个方面是从社群的初期运营阶段出发，概括性地叙述了社群如何构建一个良好的组织体系；当社群经过一段时间的快速发展以后，进入相对稳定的增长期，甚至瓶颈期，这时需要有新的爆发点，延长社群的生命周期，避免快速进入衰退期。

社群要想在规模方面超越对手，不能仅在意规模的大小或成员的多少，而是要从框架体系中构建适合自身发展的基础。只有建立起良好的运行制度，才能够实现厚积薄发。

所以，社群运营者不应该在运营的前期就单纯地拼规模，这样会使社群陷入人力和管理成本剧增的困境。此时，社群要想维持下去必须加大投入，但高额成本很难带来高收益，最终造成恶性循环的不良效果。比如，社群新增成员的速度放缓，很多社群运营者认为可能是投入不到位，进而加大宣传成本，但单纯的宣传半径是有限的，需要有能够可持续循环的传播体系，将社群传达到更远的地方。

另外，社群运营者也要密切关注社群的活跃度，如果成员的发言积极性下降，要么是社群的总体氛围沉寂，要么是受困于发言规定的限制。社群运营者要给成员一定的发言空间，单纯的禁言模式可能会损伤成员在群内发言的热情。

成员在刚刚加入时热情高涨，希望和其他成员互动，但社群运营者不允许随意发言或全天禁言，时间久了，他们就没有多少热情关注该社群了。但是，如果一味地开放式交流，又可能使社群沦为灌水群、广告群。因此，社群运营者可以释放一定的发言空间。

在规章制度方面，社群运营者要根据社群的具体情况来设置，既要照顾到大多数成员的意见，也要有一定的限制。当社群比较成熟、各方面机制比较完善时，可以适时采取复制模式。比如，以城市为坐标，开办社群分会，定期组织线下活动和线上交流。

社群规模的拓展需要充分利用内外资源，激发成员的积极性。当社群规模比较大、成员比较多时，要将社群组织化、规范化，保证社群分会既能各自活动，又能有序联合，这样才能快速超越竞争对手。

10.1.3 以母婴社群为例，学矩阵布局之法

矩阵是社群布局的重要方式，母婴社群"辣妈帮"就是通过这一方式对用户进行数据分析，获得了用户的肯定。辣妈帮从2012年诞生到现在，已经完成了多轮融资，其APP也以"千人千面"的个性化推荐赢得宝妈们的认可。

辣妈帮CEO金赞曾说："在互联网浪潮中，要时刻保持创新的精神，创新是一个企业进步的灵魂，是一个企业发展的不竭动力。但创新创业非一朝一夕之功，勇于拼搏，敢于吃苦，积极投身于创新创业实践，在创新创业实践中实现企业的完美价值。"

确实，辣妈帮一直在创新。首先，根据女性的实际需求，搭建"辣妈帮""孕期伴侣""辣妈商城"三个平台，致力于提供备孕、分娩、育儿等全方

位优质服务；其次，主打社交和电商版块，让用户之间可以进行话题交流、购物消费以及健康医疗等活动。

总而言之，辣妈帮以女性的实际需求为出发点，构建了多维度场景的矩阵，打造出国内先进的母婴社群生态系统。当然，辣妈帮能够获得如此巨大的成就，并不是一件偶然的事情，而是经历了足够的沉淀，具体可以从以下三个方面说明。

1. 占领行业优势

2012年，国内的APP以及专业的母婴应用还没有大规模上线，于是，辣妈帮预见性地占领了行业优势。经过多年的成长，辣妈帮为用户带来了良好的体验，同时，行业内的母婴应用也先后成长起来，比如，宝宝树孕育和妈妈帮。虽然这些母婴应用也各有特色，但是在电商方面，辣妈帮还是占据优势。

2. 自身实力强大

辣妈帮创始人金赞是德国海归，了解专业的技术，辣妈帮创建之初也是以技术作为强大支撑的。辣妈帮已经完成1亿美元的C轮融资，由唯品会领投，经纬创投、景林资本、晨兴创投跟投。与唯品会的合作以及各大投资者的认可，使得辣妈帮能够有更强的实力完善线上线下的产业链。

3. 未来前景广阔

随着国家二孩政策的开放，"85后""90后"进入孕育高潮期，这些年轻的妈妈们更倾向于现代的育儿观念，即边学习边育儿。因此，母婴行业的总体趋势良好，未来前景广阔，这也是投资者看重辣妈帮并选择持续投资的重要原因。

辣妈帮从最初的妈妈社交工具，逐渐成长为电商品牌，以及后来的母婴类社群，除了有行业的利好因素，也得益于创始人在布局方面的准确预见。

10.2 有关矩阵的两大布局模式

社群布局有两大模式：平行模式和递进模式。前者是以产业式的形态布局社群，即多个领域同时跨界，实现社群在生态体系下的布局；后者是专注某个垂直的方向，同界深入，直击核心。模式的不同使社群呈现多样化的特点，有的是多领域并进，有的则专注于某个点，重度深耕。因此，社群运营者要针对不同的模式采用差异化的运营策略。

10.2.1 平行布局模式：跨界覆盖，共同进步

平行模式下的社群是一种生态型产业体系，即以一个目标为中心进行平铺式推进，比如，创业型社群。在创业的平台上，汇聚投资项目、投资融资、贷款风投等多个跨界的内容。

移动互联网、云计算、大数据等技术已经渐渐融入我们的生活，改变我们的生活方式，甚至创业前景。社群的平行模式需要跨界覆盖、齐头并进，商业形态也是如此。只有打造出一个专属的生态圈，才能玩转商业环境下的社群，这样商业和社群才能真正回归本质，充分发挥"人"这个高级生物的个性化智慧，实现个性化发展。

当下最主流的趋势之一就是用户主导下的商业模式：谁能做到以用户为中心，谁就能获得成功，特别是互联网公司。社群的矩阵布局也是如此：在某个中心汇聚能够引爆燃点的势能，实现更大的跨越。当然，这些需要技术的支持，但现在技术已经不再是最大的障碍，跨界融合已经成为可能。

2016年6月16日，内地首座迪士尼主题乐园惊艳亮相上海，与此同时，海尔成为唯一获得迪士尼经典动漫形象使用权的企业。海尔与迪士尼之间的合作

充分体现了跨界的创新,展示了跨界的威力。两家完全不同的企业进行跨界,海尔在全球范围内限量发售88台米奇主题的个性化定制款冰箱,以此向米奇诞生88周年致敬。这是海尔与迪士尼共同开创的社群生态的跨界模式。

海尔冰箱相关负责人表示:"通过与迪士尼跨界合作并发布米奇限量版冰箱,希望这种象征意义的元素能变成一种时尚的接入口,连接海尔冰箱CMF(Color Material&Finishing)趋势与米奇的经典。"

海尔冰箱与迪士尼相结合,诠释了行业间跨界模式的最新概念,社群的平行模式也是同样的道理,即两个完全不同或有相似之处,但是不容易联想的事物组合在一起,打造一个全新的、具有吸引力的跨界典范。

10.2.2 递进布局模式:直接击中核心

递进模式走的是专业化路线,即围绕某个特色服务,构建产业链上下游之间的密切合作体系。在这样的模式下,初级社群提供免费服务,而高级(已经发展成熟)社群则倾向于付费服务,二者还是有些许不同。

馒头商学院是一个新型互联网的在线学习社群,采用了递进模式,以课程培训交流为主要内容,主打方向是产品的运营和营销。馒头商学院汇集了一批出色的互联网产品运营与营销大咖,自成立以来,陆续开展了一系列动作,具体如图10-1所示。

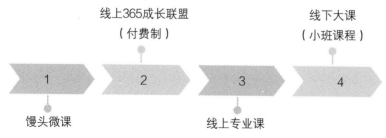

图10-1 馒头商学院的社群递进模式

第10章 矩阵：让社群实现从1到N的裂变

1. 馒头微课

馒头微课是馒头商学院的"爆品"，受到了很多学员的欢迎。首先，馒头微课的操作流程比较简单，学员只需要点击微信群里的听课链接就可以进入课程，而且支还支持回放；其次，馒头微课的系统支持万人同时在线，给学员提供了强大的听课保障。

2. 线上365成长联盟（付费制）

除了馒头微课，馒头商学院还开通了"在线教室"，让学员可以和导师进行充分交流和沟通。另外，为了丰富课程体验，与"在线教师"一同出现的还有打赏、送花、邀请卡等互动功能。最值得一提的是，馒头商学院开设了"365成长联盟"，通过付费制的形式凝聚了一批线上忠实粉丝群体。

3. 线上专业课

馒头商学院的线上专业课主要有两种形式，一种是为学员提供录播；另一种是专业导师做直播。相关数据显示，线上专业课的平均客单价超过1000元，这是馒头商学院在馒头微课基础上的又一次成功尝试。

4. 线下大课（小班课程）

线上方面做得比较成熟以后，王欣又带领团队往线下方向探索，于是推出了价格为699元线下大课。此外，馒头商学院还推出小班课程，并在此基础上，开启了"金馒头"招募活动，学员只需缴纳12800元的费用，即可享受馒头商学院的优质课程。

馒头商学院以在线课程为体系，打造出一个完善的社群矩阵，同时通过付费制对学员的质量进行检验和筛选。这样的做法不仅有利于快速击中目标核心，汇聚学员，还可以进一步扩展线上线下渠道，探索与社群主题相关的各种服务。

10.3 社群运营工具

社群运营工具有很多,其中最受社群运营者及成员欢迎的一共有五种,分别是付费入群工具、H5工具、电商工具、直播工具以及投票工具。

10.3.1 付费入群工具

付费入群工具有很多,但只有付费方式更便捷,才会更加吸引成员的关注,以QQ与QQ群为例来详细说明如何才能更便捷。

群主首先进入QQ群点击"群设置",接着点击"查看|修改群资料",然后点击"设置"选项,下拉菜单栏,进入"付费入群"选择金额,如图10-2所示。

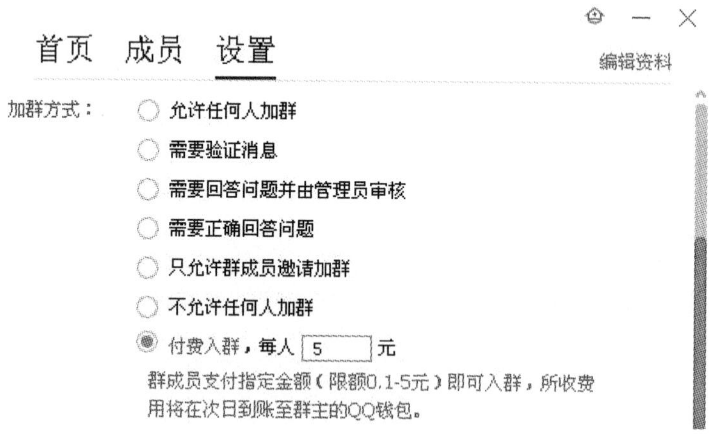

图10-2 QQ群便捷付费入群工具

流程虽然简单,但是还要知道一些注意事项:QQ群等级要在2级以上,QQ群信用星级至少要在5星,群主的QQ等级要在12级以上。只有满足这些基本条件,才能在QQ群营销中提供更便捷的付费方式。

10.3.2 H5工具

H5是网页互动效果的技术集合，也可以说是移动端的Web页面。优秀的H5展示不仅能够促进营销，还能吸引成员、提高成员的活跃度。精美的H5展示离不开H5工具，主要有四款，分别是微页、兔展、易企秀和MAKA。

（1）微页。微页是由咫尺网络开发的，优势是页面简洁明了，创意无限。微页的功能最为丰富，借助各种强大的组件形成丰富的H5场景。同时微页拥有海量的模板，制作过程简单、超炫，可谓是创意连连。

（2）兔展。兔展发展较为成熟，一直秉承"免费、自由、简单"的研发理念。另外，在特效和精密程度上，兔展也是遥遥领先。然而，它却有一个弊端：很多功能只限于VIP使用，对于新手开发者有一定的限制。

（3）易企秀。易企秀发展较早，功能比较齐全。最优的地方在于它是免费的，动态模板多元多样，可以同时在手机上进行简单、轻松地制作。

（4）MAKA。这里要为大家介绍的是名为MAKA的H5工具，如图10-3所示。MAKA是最简约且能够自适应的H5工具，优势在于更符合观赏者的视觉体验；劣势在于模板较少，预览页面也相对较小。

图10-3　MAKA H5创作工具

四大H5制作页面可谓各有利弊，你需要抓紧实践，做出属于自己的专属H5场景。

10.3.3 电商工具

电商是社群的重要变现方式，但是电商团队在运营过程中要面临很多问题，例如，任务不清、协作不顺畅、大数据分析处理难等。因此，电商团队可采用以下六种工具解决不同的问题。

1. 班牛

班牛是一款协同办公的产品——助力电商办公，通过多元的群组创建方式进行风格各异的管理，实现不同店铺不同部门的协同发展。班牛在处理售后问题时可以及时修改订单，并借助SEO工具做出相关的筛选与跟进，从而全面掌握最真实的销售数据、进行最科学的运营分析，做出最全面的运营推广。

2. WPS云文档

WPS云文档集信息的存储、共享与协作于一身。电商团队借助WPS云文档能够在云端进行运营方案的校对，实时更新产品的信息。

3. TalkingData

TalkingData又名移动大数据平台，是著名的第三方移动数据平台。TalkingData的功能非常广泛，不仅包括广告、社交，还有第三方市场以及搜索引擎等。对电商运营人员来说，通过分析线下数据掌握用户的行为，有利于实现社群的个性化营销，获得更高的收益。同时TalkingData具有多渠道以及跨屏投放的优势，能够对营销的效果进行持续跟踪和优化，最终有效提升营销的投资回报率。

4. 神策分析

神策分析的特效在于有效分析用户的行为，帮助电商运营人员收集有价值的数据，从而达到实时监控的效果。神策分析具有多元的分析模型，例如，事件分析模型、留存分析模型、漏斗分析模型以及回访分析模型等。电商运营人员借助这些模型自主地进行各项分析，有助于用户的拉新、存活以及后续转化变现等，最终实现精细化运营。

商业环境变幻莫测，如果没有好的辅助工具，多少都会遗漏一些动态的市场信息。如果想在电商领域遥遥领先、拔得头筹，还需要实时关注竞争对手的动态，做到知己知彼，才能够提升自己的运营能力。

5. IBBD数据雷达

IBBD数据雷达是外部的数据分析平台，借助大数据进行技术驱动，为电商运营人员提供精确、智能的数据，从而帮助电商运营人员掌握行业的发展趋势、了解用户的需求和产品的前景。总之，IBBD数据雷达能够通过提供全面的数据分析，提高电商运营人员的决策准确度。

6. 直通车魔镜

直通车魔镜能够优化搜索排名，帮助广大电商运营人员进行营销优化。同时，使用直播车魔镜能够侦察竞争对手的流量以及投放情况。另外，通过拷贝竞争对手的关键词，电商运营人员还能知己知彼，不断提升经验，以及运营效果，最终赢取利润。

综上所述，电商运营人员若要提高工作效率，必须有效结合以上工具，为营销工作服务。

10.3.4 直播工具

直播是时下最流行的营销方式，不仅能够借助网络进行面对面的销售，还能借助网红吸引流量。NexLive无疑是一款优质的直播工具，采用云平台的分发模式，将不同直播平台上的内容，通过多种社交平台发布出去，让网友能在电脑、手机、平板上观看到直播节目。

NexLive支持多终端互动观看模式，不仅能够适用于PC笔记本，还能够应用于智能手机或者PAD端。它不仅支持多端播放，还拥有轻导播台功能，支持多路音频与视频的混合。

不仅如此，NexLive迅速适应时代的潮流，拥有微信直播功能，能够快速创建微信H5直播，同时支持一键分享。电商运营人员可以迅速在主流社交平台（如QQ、QQ空间、微信以及微博等）上将直播分享出去。

更强大的是，NexLive还支持第三方播放，借助斗鱼、快手、龙珠以及虎扑等众多直播平台，电商运营人员可以迅速把想分享的内容扩散开来，从而引发关注。这样，优秀的内容就能随时随地绽放，社群也能获取更多的流量，聚揽更多的人气。

10.3.5 投票工具

借助投票工具，我们能够知晓社群在粉丝心中的地位；根据投票工具的反馈信息，我们可以对社群进行优化。常见的投票工具就是投票器，它的系统由三部分构成，分别是基站、软件和终端设备。如今，投票器基本分为两种类型：有线投票器和无线投票器。随着无线技术的迅猛发展，无线投票器已经成为市场的主流。

借助自动投票软件可以迅速获取投票状况，具体流程为：①向服务器发送投票数据包，包含个人的基本信息，例如姓名、手机、身份证号以及联系地址等；②智能识别图片以及验证码，将图片信息转化为相应地IP地址。

自动投票软件大都是粉丝之间暗中较量的工具。近年来，随着娱乐评选活动的兴起，许多节目借着自动投票软件进行评选。例如，《歌手》等音乐竞技节目的投票环节，都是借助自动投票软件进行票数的统计。

社群借助投票工具，一方面能够提高营销的趣味性，另一方面也能促进粉丝的活跃度，提升自己在市场上的地位。

第11章

趋势：
拘泥于当下是企业大忌

11.1 社群营销的巨大转变

传统的农业社会，地缘关系在人际关系中占有较大比重；而现代社会，互联网和移动互联网的兴起，改变了人们的生活方式和思维方式，世界"缩小"为一个地球村，陌生人之间也可以建立好友关系。这些变动在社群内也会有所体现，比如，成员完成关系转换，社群价值渗透到更深层次等。

11.1.1 交际圈：从强关系到弱关系

人与人之间，建立在亲朋好友基础上的交际圈比较坚固，这种强关系将人际关系网络中的个体紧密联系起来。在这张网络中，个体所处的环境相同、地理范围固定，容易实现面对面交流，拥有比较强的情感连接。

而互联网、移动互联网的发展使得这种由强关系建立起来的交际圈的界线变得模糊，并且逐渐向弱关系靠拢。比如，网络上两个互不相识的人通过QQ建立起关系，关注微信公众号以后，触碰到截然不同的理念。

社群的特征之一就是强弱关系的界线逐渐模糊，比如，在社群内，起初大家并不认识，因为有着相同的兴趣爱好而聚集在一起，于是开始共享信息、互通资源，甚至通过一场聚会签下一笔订单。这是弱关系下的社群特征，从强关系到弱关系，已经成为社群的未来趋势。

著名的社会学家、美国哈佛大学教授马克·格兰诺维特（Mark Granovetter）曾提出弱关系理论，该理论认为弱关系的存在加速了信息流动，减少了信息之间的不对称。对社群来说，弱关系有非常重要的作用，正如混沌大学的创办人、中欧商学院教授李善友在解释社群网络的核心时所说："得弱关系者得天下"。

众所周知，社群本身有成员，有忠实粉丝团体，就像明星一样，有自己的粉丝后援会。社群中需要有一个核心人物或意见领袖，召集和凝聚铁杆粉丝。铁杆粉丝本身就是一个小的节点，但若干个节点组合成立体形态，能够迸发出巨大的力量，推动社群的自行生长和扩展，这同样也是弱关系的作用。

社群的存在和建立突破了以往人类社会的强关系连接，将界线弱化为弱关系连接。交际圈也证明了这一点。所以，找工作时，同学会或同乡会可能不是最佳的选择，最亲密的朋友可能也帮不上忙；而弱关系形态下，只有一面之缘的人反而能够为你提供更有用的信息。

在这种情况下，互联网成为最适合搭建弱关系的平台。互联网汇聚了大量的雇主和求职者信息，突破了血缘和地缘的限制。社群可以满足弱关系需要的所有条件，因此，社群完全可以成为弱关系的最新代表。

11.1.2 价值：从内部串联到跨界对接

黑马会以创业建立生态链条，融合了多个小圈子，包括创业圈、投资圈以及媒体圈，并凭借自身的资源优势，开展更多样的黑马营和黑马会以及黑马大赛。黑马会聚集了创业、投资和媒体宣传等多个层级的社群，其价值由内部串联到跨界对接，实现立体化无缝发展。

同时，黑马会内部的独立成员在某个领域有很强的组织力和社交力，这些成员一旦有机地组合在一起，就能够实现跨界对接。另外，黑马会本身是创业社群，运营核心也都围绕"创业"进行拓展。比如，黑马商学院的创业课程包括以风投基金的形式帮助学员进行创业试验，实现快速成长。

在跨界对接方面，社群的价值可以通过三个维度展现出来。那么，具体是哪三个维度呢？即人格化维度、营销维度、品牌维度。

1. 人格化维度

品牌可以进行人格化包装，社群当然也可以。比如，制定一定的规章制度,调动成员的积极性和主动性;而社群的领导者可以主动出击,为社群代言,像BAT的李彦宏和马化腾、小米的雷军、唯品会的陈欧等,都亲自出马为自己的企业站台,跨界成为代言人。

这种人格化维度也可以用在社群营销方面,比如,罗辑思维的罗振宇、吴晓波频道的吴晓波。当然,仅仅靠社群领导者的代言作用是不能持久的,还要依靠社群的整体力量。只有尽可能多地动员和激发成员的热情,才能使社群更具有人格化的意义,从内部串联走向跨界连接,主动承担起代言人的责任。

2. 营销维度

在这个酒香也怕巷子深的时代,主动营销才是正道,特别是在移动互联网的趋势下,营销成本相对降低,一条朋友圈动态、一篇微信公众号文章可以瞬间到达无数用户的智能手机上。但是营销成本只是相对降低,从绝对层面看,营销成本要比过去任何时候都高,比如,一档高人气综艺节目的赞助费动辄上亿元是常事。所以,从营销维度来看,社群也需要加速媒体化道路,将社群推广出去,提高知名度。

3. 品牌维度

社群的品牌维度是与人格化维度和营销维度组合并相互渗透的存在,比如,格力旗下有多条产品线,涉及白色家电中的多种电器,主要以空调为代表。提到空调,大家最先会想到格力,所以格力已经成为空调的代言"人",实现了品牌化营销。

社群的品牌维度也是如此,以简单明了的文案突出专业性,再加上社群领导者的代言人形象和必要的宣传推广,这些因素的相互叠加,构成了社群的跨界对接。

对于社群来说,跨界对接不仅要注重内部串联,更重要的是打通外部闭环,进行多个维度、多个层次的联合。

11.1.3 需求：从口碑至上到用户主导

过去的物资相对匮乏，需求大于供应，能够及时购买到所需产品已经非常难得。当前社会生产力已经大大提高，产品的数量和种类非常丰富。在这种情况下，生产厂商为了获得更多的消费者、提高销量、在竞争中获取有利地位，他们开始专注品质、打造良好的形象，通过口碑营销进行拉新、留存，实现再增长。

但是口碑营销始终能够为产品带来持久的销售额吗？市场上有很多优质但并不是消费者想要的产品，这样的产品当然既没有销量，也不会驱动消费者主动传播，进行口碑营销。过去需求大于供应的现象彻底发生扭转，消费者的需求更加具体化、个性化，仅凭优质和撒网式的广告渗透已经很难起到作用。

基于以上情况，主要的应对方法就是需求转换，即实现从口碑营销到消费者主导营销的转变。当然，这不是说口碑营销已经失效或者不需要重视，而是要求我们以全新的思维来看待消费者需求的转变。只有以利他主义为中心，站在消费者的角度看问题，才能为消费者解决问题，获得消费者的信赖。

经历了从成长到成熟的B2B、B2C以及C2C的商业模式，C2B更贴近和符合时代的潮流——坚持利他主义，始终以用户为主导。简单来说，就是用户需要什么生产什么，充分满足用户的个性化需求，实现从消费端到企业端的连接与传导。

以用户为主导，以数据驱动为支撑，构建C2B的商业形态，这是近年来企业发展的重要方向，也是商业的本质。对于社群的发展来说，以用户为主导同样是核心方向，即使未来很长一段时间内会有大量的社群被淘汰，也不会阻碍这一核心方向的优势地位。

既然以用户为主导的思维理念如此重要，社群该如何建设才能向着这个目标前进呢？总体来说，包括三个要素。

内容是第一要素，这也是能够成功吸引用户、满足用户需求的关键条件。

没有内容就没有意义，空壳式的社群只会短暂性存在。

关系是第二要素，用于社群与用户发生物理反应，由此来筛选和沉淀用户。从哲学上来说，世界是普遍联系的，也许看似没有联系的事物，因为某种关系的建立而产生了联系。社群也是因为某个目标聚集了一批有着共同爱好的用户。

变现是第三要素，也是社群能够持续存活、成员能够获得利益的直接原因。若没有变现盈利，仅靠奉献和爱心，社群是不会长久存在的。

社群以用户为主导，满足用户的需求，并让用户愿意为获得这种需求而买单，这种模式更像是一种买卖。因此，社群也是商业化的一种模式，只不过更具有号召力，更可能影响未来市场。这是社群的潜力，也是社群的趋势。

11.2 社群营销的未来畅想

正如《道德经》上所言："人法地，地法天，天法道，道法自然。"日出而作，日落而息，一年四季交替循环，花鸟虫鱼也都有自己的特性，顺其自然则是尊重规律。从这个意义上讲，万事万物都有各自的"轨道"，而万法归一则是强调特性中的普遍性，方法和表象虽然千差万别，但本质还是相同的，社群也是一样。总体来说，社群既是流量的入口，又是连接器，既欢迎进入，又能够包容一切。

11.2.1 社群营销为企业创造美好未来

社群营销增加了企业和用户的交流机会，加强了企业对用户的了解。很多企业在推广产品或者组织线上线下活动时，想尽办法了解用户，尽可能地满足用户的需求。其中，企业可以通过社群化的方式直接宣传和销售新产品，让用户在了解企业、了解产品之后直接购买，这种方式减少了人力、物力和财力上的浪费。

互联网时代下，社群营销以用户为主导、满足用户的需求为目标，因为当需求被满足以后，用户才愿意买单。社群营销很像传统模式下的一种买卖，但更有可能影响未来的市场，这是它的优越之处，也是它的前进方向。

社群营销需要提高品牌的知名度和影响力，销售也是一样，比如，在线下很多消费者会选择购买老品牌或者知名品牌的产品。

通过用户的广泛传播，品牌拥有了知名度和影响力，企业的推广宣传成本也大大降低。比如，做一个广告需要花费高昂的竞价费才能上首页，而社群通过成员就能做很好的宣传，节省了不必要的开支。社群是加强互动的最好方式，也是降低成本的有效捷径。因此，社群的本质就是要打造一个成本低、信任度高的营销圈子，目的是降低企业的运营成本和推广成本，从而实现双赢。

11.2.2 社群营销会如何改变社会

社群营销会将对社会生活带来三方面的影响。

1. 生产、管理和消费被重新定义

如今，每个产品都是按照消费者的要求生产出来的，例如，大米从开始播种到送到消费者手中，施肥、用药等都将有详细的要求，这些要求与消费者息息相关。

工厂里的机器人代替工人完成简单、机械的劳动，管理机器人的员工将按照消费者的需求对产品进行加工，加工完毕的产品将在第一时间包装好发给消费者，消费者接到产品后，在社群平台对产品进行评价，工作人员运用专业的大数据技术对信息进行分析，并给出具体的报告。在这样的流程下，产品的生产、消费者的消费、后续的服务工作都实现了个性化。

2."智造"产品时代

企业要想知道用户的需求,并使用户的需求真正得到满足,必须加强与用户的互动,邀请用户参与到解决消费需求的工作中。另外,企业需要通过用户发现自身的优点,也需要从用户中了解并发掘出痛点。只有这样,企业才能立于不败之地,延长社群的生命。

3. 社群营销体现人性化服务

社群营销就是为了让用户与用户之间的联系更加密切。以前,传统的大众传播是将信息强加给用户,但随着互联网时代的到来,信息是根据每个用户的实际需要进行推送。例如,在网上购物时,APP会根据搜索为你推送相应的产品,这在很大程度上节约了时间和精力,体现出个性化的特征。

社群营销从不同的方面改变社会,使社会朝着智能化、人性化的方向发展。与此同时,在新时代社群营销的大背景下,用户也感受到了前所未有的方便、快捷。